Fassade (Neustraße 13) wurde von Butzon & Bercker erworben. Dort wohnte nach dem Zweiten Weltkrieg zeitweise die Familie Bercker, bis das neue Privathaus an der Johannesstraße fertig wurde (siehe S. 56). Die Aufnahmen entstanden Anfang der fünfziger Jahre. Das legen die drei abgebildeten PKWs nahe. Die beiden VWs gehören zum Typ der sog. „Brezelkäfer", weil deren geteilte Heckfenster entfernt an eine Brezel erinnern. Diese waren das erste Modell nach 1945, das bis 1953 gebaut wurde. Der Mercedes gehört zum Typ 170, der zwischen 1937 und 1952 produziert wurde. Beide vorderen PKWs haben schwarze Nummernschilder. Solche wurden bis 1955 von den Besatzungsmächten ausgegeben. Seit 1956 gibt es die bis heute üblichen weißen Nummernschilder.

Gerhard Hartmann

Mehr als 150 Jahre Butzon & Bercker in Kevelaer

Zum Gedenken an
Edmund Maximilian Bercker
29.6.1936 – 3.2.2024

Gerhard Hartmann

Mehr als 150 Jahre Butzon & Bercker in Kevelaer

Zwischen Kaiserreich und Europa

Butzon & Bercker

Bibliografische Information der Deutschen Nationalbibliothek

Die Deutsche Nationalbibliothek verzeichnet diese Publikation in der Deutschen Nationalbibliografie; detaillierte bibliografische Daten sind im Internet über http://dnb.d-nb.de abrufbar.

Das Gesamtprogramm von Butzon & Bercker finden Sie im Interent unter www.bube.de

FSC
www.fsc.org
MIX
Papier aus verantwortungsvollen Quellen
FSC® C100257

ISBN 978-3-7666-3736-9

Umschlag, Layout, Gestaltung und Satz: Christoph M. Kemkes
Druck: Appel und Klinger Druck & Medien GmbH, Schneckenlohe
Printed in Germany.

Zum Geleit

Es ist selten geworden, dass eine Familie wie Bercker über fünf Generationen, mehr als 150 Jahre, mit einem Unternehmen verbunden geblieben ist. Unsere Familienmitglieder haben Butzon & Bercker auf- und ausgebaut. Sie erlebten in ihren jeweiligen leitenden Positionen Höhen und Tiefen, zwei Weltkriege und nicht immer einfache wirtschaftliche und politische Phasen. Sie blieben immer ihren Grundsätzen und dem Gründungsauftrag treu, den sie den Zeitumständen erfolgreich anpassten. Dieses Buch ist keine trockene Firmengeschichte, sondern es verknüpft den Lauf des Unternehmens und der Inhaberfamilie mit den allgemeinen politischen, ökonomischen, gesellschaftlichen und kirchlichen Entwicklungen. Dazu auch mit dem regionalen Bezug zu Kevelaer und dem Niederrhein.

Ich bin meinem Großvater Edmund Bercker, den ich als Heranwachsender noch erleben durfte, so wie meinem Vater Edmund Maximilian Bercker und meinem Onkel Klaus Bercker, die in den Jahrzehnten nach dem Zweiten Weltkrieg das Unternehmen geleitet und weiterentwickelt haben, zu großem Dank verpflichtet. Sie mussten mitunter schwierige aber richtige Entscheidungen treffen, wie die Aussiedlung des Unternehmens aus der Kevelaerer Innenstadt oder den Verkauf des Tochterunternehmens (Druckerei/Buchbinderei) Bercker Graphischer Betrieb GmbH im Jahr 1998. Mein besonderer Dank gilt meinem Vater für sein Vertrauen, mir 2003 die Verantwortung als Geschäftsführer und Mehrheitsgesellschafter für Butzon & Bercker übertragen zu haben. Leider konnte er das Erscheinen dieses Buches nicht mehr erleben.

Schließlich danke ich allen ehemaligen und gegenwärtigen Mitarbeiterinnen und Mitarbeitern für ihren Einsatz. Ohne diesen wäre das Unternehmen nicht das geworden, was es nunmehr ist. Zu guter Letzt gilt mein außerordentlicher Dank Herrn Dr. Gerhard Hartmann für die Abfassung und Betreuung dieses Buches. Er ist nicht nur seit 1970 im katholischen Verlagsbuchhandel tätig, ab 1999 bei Butzon & Bercker, sondern auch habilitierter Kirchenhistoriker. So bleibt mir für das Unternehmen nur der Wunsch: Auf viele weitere Jahre!

Kevelaer, im August 2024 Markus Bercker

Inhaltsverzeichnis

Vorwort

In den siebziger Jahren des vergangenen Jahrhunderts entdeckte die universitäre Wirtschaftsgeschichte Firmen und Unternehmen als Forschungsobjekt. Interessante Aspekte haben sich dabei aufgetan. Wer waren die Gründer, die maßgeblichen leitenden Persönlichkeiten, welche Ziele haben sie sich gesetzt, welche Produkte wurden hergestellt und vertrieben, welche Dienstleistungen wurden angeboten, welche wirtschaftlichen Erfolge oder Misserfolge gab es usw.?

Aus dieser Perspektive war die Betrachtung des Kevelaerer Unternehmens Butzon & Bercker ein für mich spannendes Unterfangen mit einigen Überraschungen. Eine davon war, dass die Familie Bercker weitaus mehr als 150 Jahre mit dem Buch verbunden ist, länger als bislang tradiert wurde. Bereits vor 1848 ist ihre Tätigkeit im Buchbindergewerbe nachweisbar. Die Firma Butzon & Bercker war und ist mit den jeweiligen Zeitumständen verbunden. Durch ihre Produkte ist sie mit einer christlichen bzw. katholischen Zielgruppe verwoben. Und nicht zuletzt ist sie ein wirtschaftlicher Faktor im regionalen Umfeld und darüber hinaus. Wegen ihrer vielfältigen Produkte bestanden und bestehen Handels- und Geschäftsbeziehungen im ganzen deutschen Sprachraum, in Europa und darüber hinaus.

Vor allem sind es die Menschen, die mit diesem Unternehmen verbunden waren, sind und sein werden. Dazu zählen nicht nur die über Generationen hinweg verteilten Mitglieder der Inhaberfamilie Bercker, sondern auch die zahlreichen Mitarbeiterinnen und Mitarbeiter. Sie alle haben je auf ihre Weise mitgewirkt, dass dieses Unternehmen zu dem geworden ist, was es im Lauf der Jahrzehnte war, heute ist und – mit Gottes Hilfe – noch sein wird.

Die folgende Darstellung versucht auch, den heutigen Leserinnen und Lesern die Welt des Buchmachens, verortet in einem bedeutenden Wallfahrtsort des deutschen Sprachraums, nahezubringen. Sie ist zwar den Prinzipien der historischen Wissenschaft verpflichtet, doch will sie den Wünschen und Ansprüchen eines breiten Leserpublikums gerecht werden. Das geschieht u. a. durch eine ansprechende Darstellung und durch Bezüge zur allgemeinen Geschichte, zur jeweiligen kulturellen und gesellschaftlichen Wirklichkeit sowie nicht zuletzt zum Lauf der katholischen Kirche in diesem Zeitraum.

Es gebührt ein großer Dank der Unternehmensleitung von Butzon & Bercker in der Person des Geschäftsführers Markus Bercker, dass er dieses Projekt angestoßen hat. Er und andere Mitglieder der Familie Bercker haben mit Informationen (siehe S. 99) und Materialien geholfen, daß diese Geschichte entstehen konnte. Ebenso danke ich dem Stadtarchiv Kevelaer, den Kollegen Christoph Kemkes für die Satzbetreuung sowie die Gestaltung und der Kollegin Melissa Schirmer für die Korrektur des Manuskripts.

Begeben wir uns nun auf eine Spurensuche in eine fernere wie nähere Vergangenheit, die die Epoche von der Kaiserzeit bis zum Bemühen um ein vereinigtes Europa umspannt, und lassen so das Bild eines Unternehmens entstehen, das mehr als 150 Jahre geprägt wurde durch die Mitglieder der Familie Bercker und durch die zahlreichen Mitarbeiterinnen und Mitarbeiter.

Kevelaer, am Fest Maria Himmelfahrt 2024 — Gerhard Hartmann

DIE VORAUSSETZUNGEN

Es gibt drei Voraussetzungen, ohne die das Unternehmen Bercker nicht hätte entstehen können. Und wenn es trotzdem entstanden wäre, dann wäre es nicht zu dem geworden, was es bis zum Anfang des 21. Jahrhunderts geworden ist. Diese drei Voraussetzungen sind die Wallfahrt nach Kevelaer, die Einführung der allgemeinen Schulpflicht im deutschen Sprachraum und die Eisenbahn am Niederrhein.

Die Wallfahrt nach Kevelaer

Im Zuge der Gegenreformation im 16. Jahrhundert bekam der Marienkult von Loreto (südlich von Ancona, Italien) eine besondere Bedeutung. Dort wird bis heute das Haus Mariens in Nazareth, die *Casa Santa*, in Form einer häuschenartigen Kapelle mit einem Marienbild verehrt. Die Habsburger, später auch die bayerischen Wittelsbacher, griffen diesen Kult auf und errichteten in der Folge in ihren Herrschaftsgebieten ähnliche Kapellen, um den damals entstandenen Protestantismus zurückzudrängen. Das taten auch die spanischen Habsburger, zu denen in dieser Zeit die Niederlande sowie bis 1713 das damalige Herzogtum Geldern gehörten. Im nördlichen Teil dieser Niederlande, dem heutigen Königreich der Niederlande, hatte sich bereits die Reformation durchgesetzt. Um dieser begegnen zu können, begannen die Habsburger in den katholisch gebliebenen südlichen Niederlanden, dem heutigen Belgien, Wallfahrtsorte zu errichten. Östlich der bekannten belgischen Univer-

Kevelaerer Andachtsbild aus dem zweiten Drittel des 17. Jahrhunderts. Kolorierter Kupferstich auf Pergament. Hier ist die älteste Stadtansicht stadtplanartig abgebildet.

sitätsstadt Löwen (Leuven) wurde 1622 mit dem Bau einer Kirche in Scherpenheuvel [steiler Hügel] der erste Wallfahrtsort nach dem Vorbild Loreto begründet. Kurz danach entstand der Loreto-Marienkult auch in Luxemburg. Inzwischen hatte 1618 der Dreißigjährige Krieg begonnen, der aufgrund seiner Grausamkeiten und der Leiden der Bevölkerung zu einem Trauma der deutschen Geschichte geworden ist, dessen Nachwirkungen bis in das 19. Jahrhundert hinein zu spüren waren. So wird auch für das Jahr 1635 ein Massaker an der Kevelaerer Bevölkerung durch kaiserliche bzw. spanische Truppen berichtet, dem rund 100 Menschen zum Opfer gefallen sind. Im Zuge der ab 1635 beginnenden letzten Phase des Dreißigjährigen Krieges kamen kaiserliche Truppen an den Niederrhein und mit ihnen auch ein Andachtsbildchen von der Marienwallfahrt in Luxemburg.

1641 soll ein herumziehender Händler namens Hendrik Busman an einer Wegkreuzung in Kevelaer eine auffordernde Stimme gehört haben, hier eine Kapelle zu errichten. Das war im Spätmittelalter und in der frühen Neuzeit bei Wallfahrtsorten ein gängiges Gründungsnarrativ, das sich sehr oft im deutschen Sprachraum findet. 1642 wurde nun dort diese Kapelle gebaut – die heutige Gnadenkapelle – und das erwähnte Luxemburger Andachtsbildchen, eigentlich ein Erinnerungsbild an die dortige Wallfahrt, aufgestellt. Daraus entwickelte sich mithilfe des Klerus (Jesuiten, Oratorianer) und der habsburgischen Behörden rasch die Wallfahrt zur *Consolatrix afflictorum*, zur „Trösterin der Betrübten“. Die Menschen brauchten wegen des Krieges in der Tat einen Trost, den sie nun in Kevelaer zu bekommen suchten.

Der Kevelaerer Kapellenplatz. Votivbild aus dem Jahr 1706. Im Vordergrund sieht man die Kerzenkapelle, die damals die Wallfahrtskirche war. Links davon befindet sich die Gnadenkapelle und im Hintergrund das Priesterhaus.

Die weitere Geschichte ist bekannt: Es entwickelte sich in den folgenden Jahrzehnten in Kevelaer ein bedeutender Marienwallfahrtsort, der viele Menschen aus der näheren und auch aus der etwas ferneren Umgebung anzog. Das hatte zwangsweise ökonomische Folgen, denn diese Wallfahrer benötigten selbstverständlich Unterkunft und Verpflegung. Sie kamen in der Regel zu Fuß nach Kevelaer und mussten sich deswegen im Anschluss auch ein paar Tage ausruhen können, bevor sie wieder heimkehrten. Es dauerte nicht lange, bis Andachts- und Erinnerungsbildchen gedruckt und verkauft wurden. Langsam aber stetig, unterbrochen durch Kriege, wie den Spanischen Erbfolgekrieg (1701–1713), den Siebenjährigen Krieg (1756–1763) und die Napoleonischen Kriege (1792–1815), die auch am Niederrhein zu spüren waren, wuchs die Wallfahrt und wurde zu einem wichtigen ökonomischen Faktor für die Stadt bzw. die Region, in deren Schatten zahlreiche Unternehmungen des Gewerbes, des Handels, der Dienstleistung, der Gastronomie und der Beherbergung entstanden sind – oder besser: entstehen konnten –, so auch später Butzon & Bercker.

Die Einführung der Schulpflicht

Man übersieht häufig, dass für den wirtschaftlichen und gesellschaftlichen Aufschwung Europas im 19. Jahrhundert, gemeinhin auch als Zeitalter der Industrialisierung bezeichnet, nicht nur die Erfindungen von diversen Maschinen, vornehmlich die der Dampfmaschine, verantwortlich waren, sondern auch und vor allem die Bildung. Bis weit in das 18. Jahrhundert hinein konnten nur wenige im deutschen Sprachraum Lesen und Schreiben. Das beherrschte nur ein geringer Prozentsatz der Bevölkerung, vorrangig in der Oberschicht, und insbesondere der Klerus, da die Priester die „Messe lesen" mussten, wie es früher geheißen hat. In Städten war der Prozentsatz höher, auf dem („flachen") Land geringer. Kevelaer gehörte zweifelsohne zur letzten Kategorie.

Lesen und Schreiben waren Voraussetzungen für eine gelingende Kommunikation. Hinzu kam noch die Fertigkeit des Rechnens. Für ein wirtschaftliches Handeln war daher die Kenntnis von allen drei unbedingt notwendig. Das erkannte man bereits im 18. Jahrhundert. So führte Preußen schon 1717 die allgemeine Schulpflicht ein, die Habsburger-Monarchie folgte dann 1774, und Sachsen bildete 1835 das Schlusslicht. Der Unterricht in diesen Volksschulen konzentrierte sich im Wesentlichen auf diese drei Fächer. Daher hießen diese Schulen auch Trivialschulen,

Die Andachtsbilder der frühen Zeit waren in der Regel schriftlos – mit Ausnahme der Wallfahrtsortsangabe –, da die allermeisten Menschen noch nicht lesen konnten. Allein das Bild sollte sprechen. Kevelaerer Andachtsbild aus der ersten Hälfte des 18. Jahrhunderts, der Zeit des Hochbarocks.

denn im Begriff trivial stecken die lateinischen Wörter für *drei* und *der Weg*. Dass die Kenntnisse dieser drei genannten Fertigkeiten wesentlich für den ökonomischen Fortschritt verantwortlich waren, zeigt beispielhaft in Oberitalien das Gebiet um Mailand (Lombardei), das bis heute wirtschaftlich deutlich besser dasteht als der Rest Italiens. Dieses Gebiet hatte von 1713 bis 1859 zu Österreich gehört und profitierte – im Gegensatz zu den anderen italienischen Gegenden – von der Bildungsreform der Habsburger unter Kaiserin Maria Theresia.

Sieht man vom Sonderfall Sachsen ab, so war die Alphabetisierung des deutschsprachigen Raums zum Ende des ersten Drittels des 19. Jahrhunderts weitgehend abgeschlossen. Fast alle konnten nun Lesen und Schreiben. Und wer Lesen kann, für den kommt auch ein Buch in Frage. Und so wurden nach 1815 vermehrt Bücher der unterschiedlichsten Art gedruckt und in den Handel gebracht, so auch im religiösen Bereich. In diesen Jahren erschienen für eine breitere Leserschicht zahlreiche Erbauungs- und Gebetsbücher der mannigfaltigsten Art. Wir befinden uns damals in der Zeit der Romantik und des Biedermeiers, die dieser Entwicklung entgegenkam. In der katholischen Romantik blühte aus verschiedenen Gründen, auf die hier nicht näher eingegangen werden kann, das kirchliche Leben auf. Es entstand ein katholisches Milieu, das in den folgenden Jahrzehnten u. a. zur Gründung zahlreicher Ordensgemeinschaften und katholischer Verbände führte, die für den deutschen Sprachraum typisch sind.

Erst nachdem eine entsprechende Anzahl von Menschen Lesen konnte, machte es Sinn, Bücher in höherer Auflage zu drucken und zu verkaufen. Für die Wallfahrt in Kevelaer bedeutete das: Die Andachts- und Erinnerungsbildchen hatten ihre Alleinstellung als Wallfahrtsartikel verloren, und gedruckte (Gebets-) Bücher rückten zunehmend in den Vordergrund. Dadurch wurde die Entstehung des Buchgewerbes (Verlags- und Sortimentsbuchhandel, Druck, Bindung) in Kevelaer erst möglich. Und damit war die zweite Voraussetzung für die Entstehung und den Bestand von Butzon & Bercker gegeben.

Die Eisenbahn am Niederrhein

Als die Wallfahrt im 17. Jahrhundert entstanden ist, mussten die Pilger in der Regel zu Fuß nach Kevelaer gelangen. Das wird auch in dem 1823 entstandenen Gedicht „Die Wallfahrt nach Kevlaar“ von Heinrich Heine beschrieben. Das Pilgern war aufwendig sowie mühsam und dauerte eine entsprechende Zeit. Wenn man von einer durchschnittlichen Gehgeschwindigkeit von vier Kilometer pro Stunde ausgeht und acht Stunden pro Tag ansetzt, dann schafft man maximal 30 Kilometer. Die rund hundert Kilometer lange Strecke von Köln nach Kevelaer konnte man damals in drei, eher in vier Tagen absolvieren. Dann musste man sich einige Tagen ausruhen, so dass ein derartiger Pilgerausflug fast zwei Wochen in Anspruch genommen hat.

Wohlhabende Leute kamen mit der Postkutsche nach Kevelaer. Ein solche erreichte damals eine Durchschnittsgeschwindigkeit von zehn bis zwölf Stundenkilometer. Somit dauerte die Fahrt von Köln nach Kevelaer rund zehn Stunden, also einen Tag. Voraussetzung dafür war aber, dass die Pferde während der Fahrt ausgewechselt werden konnten. Überhaupt nicht vorstellen kann man sich in heutigen Zeiten von *just-in-time*, wie damals Waren transportiert wurden. Die Pferdefuhrwerke waren zudem noch langsamer als die Postkutschen.

Daher war es ein deutlicher Fortschritt, als 1856 die Eisenbahnlinie zwischen Köln und Krefeld fertiggestellt wurde. 1863 erfolgte die Eröffnung der vorerst eingleisigen Bahnlinie zwischen Krefeld und Kleve. So ist für 1864, also kurz nach Eröffnung der Bahnlinie, ein Fahrplan überliefert, wonach die Bahnfahrt von Kevelaer nach Kempen eine Stunde gedauert hat. Mit dem Niers-Express (wenn er fährt...) dauert sie heute 22 Minuten. 1886 betrug eine direkte Bahnfahrt von Köln nach Kevelaer etwas mehr als zweieinhalb Stunden. Damals fuhr ein solcher Zug um 6 Uhr früh in Köln ab und war dann um 8.33 Uhr in Kevelaer. Man konnte daher um 10 Uhr leicht am Pilgerhochamt teilnehmen. Heutzutage dauert die Zugfahrt von Kevelaer nach Köln etwas mehr als eineinhalb Stunden (wenn man jedoch in Krefeld den Anschlusszug verpasst, sind es auch zweieinhalb Stunden...). Wie auch immer: Gegenüber einem mehrtägigen Fußmarsch oder einen langen Fahrt mit der Postkutsche war die schnelle Anreise mit der Bahn eine enorme Erleichterung für die Menschen.

Ökonomisch wichtig war außerdem, dass die Bahn auch Güter transportieren konnte. Dadurch konnten „in der Provinz" Unternehmen des verarbeitenden und produzierenden Gewerbes entstehen und ihre Waren leicht, günstig und – im wahrsten Sinne des Wortes – zügig an ihre Abnehmer liefern. Desgleichen konnte Güter an den Niederrhein gebracht werden, die für die Weiterverarbeitung notwendig waren. Ebenso waren die Landwirte imstande, ihre Produkte in den entstehenden Ballungsräumen des Ruhrgebiets abzusetzen. Der fruchtbare Niederrhein produziert bis heute viele Lebensmittel.

„Man kann somit den Beginn des Eisenbahnzeitalters für Kevelaer als bedeutende Zäsur ansetzen" (Bernhard Keuck). Die jährlichen Pilgerzahlen, die bis dahin höchsten an die 100.000 ausmachten, schnellten deutlich in die Höhe. Bereits bei der Eröffnung der Bahnlinie 1863 waren

Eisenbahn-Fahrplan
vom 15. October an.
Rheinische.

In der Richtung nach Cleve.					
Köln	6,00	9,8	1,40	2,42	5,30
Crefeld	7,35	10,40	2,55	4,22	7,4
Kempen	7,52	10,55	3,8	4,38	7,20
Aldekerk	8,3	11,5	—	4,49	7,31
Nieukerk	8,10	11,10	—	4,55	7,38
Geldern	8,21	11,21	3,29	5,7	7,54
Kevelaer	8,33	11,33	—	5,19	8,6
Weeze	8,43	11,42	—	5,29	8,15
Goch	8,52	11,51	3,51	5,39	8,25
Pfalzdorf	9,00	11,57	—	5,46	8,32
Cleve	9,12	12,9	4,6	5,58	8,44
In der Richtung nach Köln.					
Cleve	7,52	11,29	2,4	4,7	6,59
Pfalzdorf	8,6	11,44	—	4,21	7,13
Goch	8,14	11,51	2,20	4,28	7,20
Weeze	8,25	12,2	—	4,40	7,32
Kevelaer	8,34	12,12	—	4,51	7,42
Geldern	8,47	12,25	2,44	5,5	7,56
Nieukerk	8,58	12,36	—	5,16	8,7
Aldekerk	9,5	12,43	—	5,23	8,14
Kempen	9,17	12,57	3,9	5,37	8,29
Crefeld	9,38	1,18	3,27	5,58	8,50
Köln	11,15	2,40	4,40	7,35	10,20

Ausschnitt eines Eisenbahnfahrplans aus dem Jahr 1882.

es 300.000, und im Jahr 1913 waren es über 600.000, die Höchstzahl bis zum Ersten Weltkrieg. In den Jahren vor dem Ersten Weltkrieg waren an den Sonntagen in den Sommermonaten jeweils bis zu 30.000 Pilger in Kevelaer. Die Bahn förderte diese Entwicklung, indem sie Sonderzüge einsetzte und Sondertarife anbot. Im Jahr 1905 kamen 233.600 Pilger mit Sonderzügen der Bahn. Wegen des intensiven Zugverkehrs war es auch notwendig geworden, die Bahnlinie 1907 zweigleisig auszubauen. Die Eisenbahn führte aber nicht nur zu einem Aufschwung der Wallfahrt, des produzierenden Gewerbes und der Landwirtschaft, sondern wirkte sich auch positiv auf die Beherbergungsbetriebe, die Gaststätten und den Handel aus. Vor Erfindung des Autos bzw. eines leistungsfähigen LKW konnten Waren, abgesehen mittels Pferdefuhrwerke, nur über die Bahn transportiert werden. Daher besaß jeder noch so kleine Bahnhof auch einen Güterbahnhof. Reste von diesem konnte man in Kevelaer bis Anfang dieses Jahrhunderts sehen.

Diese Bahnlinie war daher maßgeblich für den Aufstieg von Butzon & Bercker verantwortlich. Erstens konnten nun die Druckbögen unkomplizierter und rascher von den Druckereien zur Berckerschen Binderei geliefert werden. Das traf zweitens auch auf die nun gebundenen Gebetbücher zu, die von Kevelaer aus auf dieselbe Weise überall hin gebracht werden konnten. Und drittens wurden diese aufgrund der durch Bahn stark ansteigenden Pilgerzahlen vermehrt auch vor Ort verkauft.

Der alte Bahnhof von Kevelaer.

DIE WURZELN

Dieser Stammbaum der Familie Bercker wurde in der Firma Hein Derix Werkstätten für Glasmalerei und Mosaik, Kevelaer, in der ersten Hälfte der achtziger Jahre angefertigt.

Die Familie Bercker und ihr Name lassen sich bis ins 17. Jahrhundert auf einen Bauernhof in der Gemeinde Wetten, die nunmehr zu Kevelaer gehört, mit dem Namen „Berkenhof" (= Birken) zurückverfolgen. Es gibt einen wahrscheinlich 1985 gemalten Stammbaum der Familie, der bis in die Mitte des 18. Jahrhunderts reicht, also in die Zeit des bereits erwähnten Siebenjährigen Krieges (1756–1763). Es ist überliefert, dass Heinrich Bercker im Jahr 1769 Margarethe Winnekers geheiratet hat. Beide entstammten wohlhabenden Wettener Bauernfamilien. Die genauen Geburtsjahre sind unbekannt, es ist jedoch davon auszugehen, dass Heinrich und Margarethe vor 1750 geboren wurden. Somit sind sie während des Krieges aufgewachsen.

Wie bereits erwähnt, war bis 1713 dieses Gebiet, das damalige Herzogtum Geldern (sog. Oberquartier Geldern), Teil der spanisch-habsburgischen Niederlande (etwa das heutige Belgien und Luxemburg). Die Niers war die Grenze zum Herzogtum Kleve, das seit 1614 zu Brandenburg-Hohenzollern bzw. Preußen gehört hat. Im Jahr 1713 fiel dann der größte Teil Gelderns ebenfalls an Preußen, womit das Klevische Winnekendonk für Kevelaer nicht mehr „Ausland" war.

Der Niederrhein blieb zwar weitgehend von Kriegshandlungen verschont, allerdings wurde zu Beginn des Krieges dieses Gebiet von den Österreichern, die 1713 die Spanischen Niederlanden geerbt hatten, und den Franzosen besetzt, die damals als Verbündete gemeinsam gegen Preußen Krieg führten. Heinrich Bercker und Margarethe Winnekers werden daher sicher diese Besetzung mitbekommen haben.

Der Ehe von Heinrich und Margarethe Bercker entsprangen acht Kinder. Das fünfte bzw. der zweite Sohn war Matthias Bercker (1777–1856). Dieser ehelichte 1801 Maria geb. Dalberg. Das Paar hatte drei Kinder, alle waren Söhne. Der älteste war Peter Anton, der jüngste Bernhard Bercker sen. (1807–1882). Es gibt im Stadtarchiv Kevelaer einen Hypothekarakt vom 30. August 1831, wonach der als „Krämer" bezeichnete Peter Anton Bercker am 5. August 1825 von der Stadt Kevelaer ein „Heidegrundstück" im Ausmaß von drei Morgen erworben hat. Ein preußischer Morgen hatte die Fläche von ca. 2.500 qm, somit war das erworbene Grundstück ca. 7.500 qm groß.

Aus einem weiteren Hypothekarakt vom 20. August 1841 geht hervor, dass der ebenfalls als „Krämer" bezeichnete Bernhard Bercker sen. dieses Grundstück von seinem älteren Bruder Peter Anton übernommen und die Restschuld des seinerzeitigen Kaufpreises der Stadt in jährlichen Raten zu zahlen hat. Bei diesem Grundstück handelte es sich zweifelsohne um jenes Areal, auf dem sich dann ab 1870 die Firma Butzon & Bercker entwickelt hat und auf dem sich nunmehr die Luxemburger Galerie befindet. Zu welchem Zwecke Peter Anton und dann Bernhard Bercker dieses Grundstück erworben haben, ist nicht bekannt, ebenso unbekannt ist, warum es zwischen den Brüdern zu einer Eigentumsübertragung gekommen ist.

Die Berufsbezeichnung „Krämer" lässt den Schluss zu, dass damit ein Handelsunternehmen im Zusammenhang mit dem Wallfahrtsgeschehen gemeint ist. Offenbar hat Bernhard Bercker diese „Krämer"-Tätigkeit erweitert, denn für das Jahr 1843 wird er in der

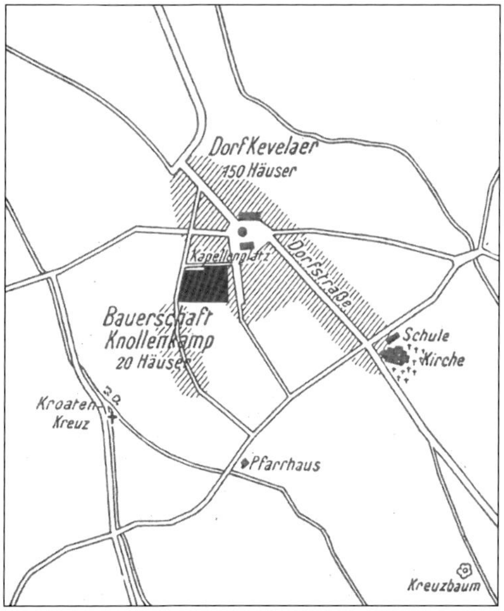

Rekonstruierter Plan Kevelaers für das Jahr 1820. Das von Peter Anton bzw. Bernhard Bercker erworbene Grundstück ist schwarz gekennzeichnet. Entnommen aus Adolf Marx, Kevelaer. Wallfahrt und Wirtschaft, 1922.

1922 erschienenen Studie „Kevelaer, Wallfahrt und Wirtschaft" von Adolf Marx als Buchbindermeister genannt. In einem Notariatsakt von 1870, wonach Bernhard Bercker seinem Sohn Franz Hermann einen Teil dieses Grundstückes abgetreten hat (siehe dazu S. 23), wird jener als Kleinhändler und Buchbinder bezeichnet. Es scheint also so gewesen zu sein, dass Bernhard Bercker in seinem „Krämer"-Laden auch Gebetbücher angeboten hat, die gebunden werden mussten. So war er gezwungen, sich die Kenntnisse des Buchbinderhandwerks anzueignen.

Der Begründer des Buchbinderhandwerks in Kevelaer nach 1815 war ein Wilhelm van Wyenbergh. Wo und wie er das gelernt hat, wissen wir nicht. Auf jeden Fall bot er seine Erzeugnisse in einer Verkaufsbude an, ähnlich denen auf den nunmehrigen Weihnachtsmärkten. Solche waren früher typisch für die Wallfahrtorte (siehe dazu auch S. 42), und wir finden sie – inzwischen gemauert – z. B. noch im erwähnten Scherpenheuvel oder im österreichischen Mariazell. In Kevelaer verschwanden diese in der ersten Hälfte des 20. Jahrhunderts zugunsten des stationären Handels.

Es ist wohl anzunehmen, dass Bernhard Bercker sen. bei Wilhelm van Wyenbergh gelernt hat. Offenbar gab es 1843 wegen des steigenden Bedarfs bereits vier Buchbindermeister in Kevelaer, neben den beiden genannten war das u. a. noch ein Gerhard Anton Schellen. In den folgenden Jahren sind weitere hinzugekommen, und diese haben sich auch vergrößert, indem sie Gehilfen (Gesellen) beschäftigten. Jedenfalls war Bernhard Bercker sen. der erste der Familie Bercker, der mit der Buchherstellung zu tun gehabt hat, und repräsentiert diesbezüglich die erste Generation.

Geboren wurde er in der Zeit der Napoleonischen Kriege und ein Jahr, nachdem der letzte Kaiser des Heiligen Römischen Reiches deutscher Nation die Krone niedergelegt hat. Seit 1801 gehörte das linksrheinische Gebiet zu Frankreich, Kevelaer lag im Departement de la Roer. Bernhard Bercker sen. wurde demnach als Untertan von Kaiser Napoleon I. und französischer Staatsbürger geboren, aber ab 1814 war er Preuße. Doch es bleibt das meiste über sein Leben und seine Tätigkeit im Dunkel der Geschichte verborgen – zumindest vorläufig.

Bernhard Bercker sen. ehelichte 1832 die sechs Jahre ältere Anna Maria Straatmann (1801–1878). Das

Paar hatte vier Kinder, das jüngste (bzw. der dritte Sohn) war der 1841 geborene Franz Hermann Bercker. Der Beruf des Vaters wird wohl der Grund gewesen sein, dass er ebenfalls in die Buchbinderei eingestiegen ist. Er war ein Urenkel von Heinrich Bercker und demnach die dritte Generation nach ihm. Inzwischen war bereits viel Wasser die Niers hinabgeflossen, und die damaligen Zeiten waren nicht immer einfach, nachdem Napoleon bis 1815 Europa mit Krieg überzogen hat. 1848 war dann das Revolutionsjahr. In vielen Städten (vor allem in Paris, Berlin und Wien) und anderen Gegenden (u. a. in Oberitalien und Ungarn) gab es revolutionäre Bewegungen. Aber davon hat man in Kevelaer kaum etwas bemerkt. Und die Zeiten nach 1860 waren ebenfalls nicht sonderlich friedlich. 1864 führten Österreich und Preußen wegen Schleswig-Holstein gemeinsam Krieg gegen Dänemark, 1866 taten dies Österreich und Preußen gegeneinander, und 1870 gab es den Deutsch-Französischen Krieg. Als Folge dessen entstand Anfang 1871 das Deutsche Reich mit dem preußischen König Wilhelm I. als Deutschen Kaiser.

Die Jahre nach 1870 werden auch als Gründerzeit bezeichnet, denn es folgte ein wirtschaftlicher Aufbruch sondergleichen. Viele Unternehmen wurden gegründet (daher der Name), und der technische Fortschritt machte sich zunehmend bemerkbar. Es gab vor allem in den Städten einen immensen Bauboom, und es entstanden jene Häuser im Stil des Historismus, die man als „Gründerzeitbauten" bezeichnet. Auch in Kevelaer finden sich solche in der Innenstadt. Man muss sich ebenfalls in Erinnerung rufen, dass es damals im 19. Jahrhundert auch einen ökonomischen Strukturwandel gab. Während bis dahin die Menschen außerhalb der Städte hauptsächlich von der Landwirtschaft gelebt hatten – siehe die Familie Heinrich Bercker im 18. Jahrhundert – , begannen für die Erwerbstätigkeit zunehmend Handel, Gewerbe und Industrie an Bedeutung zu gewinnen.

DRUCK UND BINDUNG IN DAMALIGER ZEIT

Bevor wir uns weiter mit dem Unternehmen Bercker beschäftigen, wollen wir der Frage nachgehen: Was machten zu dieser Zeit die Buchbinder? Nun muss man wissen, dass damals der Buchdruck und die Buchbindung in der Regel getrennte Gewerbe waren. Druck und Bindung waren unterschiedliche Techniken, bei denen unterschiedliche Maschinen und Werkzeuge eingesetzt wurden, die auch eine jeweils differenzierte Ausbildung voraussetzten.

Buchbinderwerkstatt Holzschnitt von Jost Amman um 1563

In Buchdruckereien wurde in der Regel nur gedruckt. Bestenfalls haben Buchdrucker die Druckbögen zu 16 Seiten zusammengefaltet, sodass eine durchgehende Seitenfolge entstand. Dann kamen die Bücher als Druckbögen zum Verlag. Der brachte diese meistens in ungebundener Form in den Handel. Dieser oder dessen Kunden besorgten dann die Bindung nach eigenen Vorstellungen. Das hatte zur Folge, dass die Auflage eines bestimmten Buches nicht so wie jetzt äußerlich gleich ausgesehen hat, sondern es wurden die Exemplare je nach Geschmack des Käufers unterschiedlich gebunden. Dafür gab es damals gewöhnlich auch keinen vom Verlag speziell gestalteten Einband oder gar einen Umschlag so wie heute.

Eine Buchbinderei lebte also zu dieser Zeit hauptsächlich von jenen Kunden, die sich solche ungebundenen Bücher kauften und sie dann binden ließen. Daher war das Buchbinden vorerst ein recht individuelles Handwerk. Ein solches hatte Bernhard Bercker sen. und dann sein Sohn Franz Hermann Bercker gelernt und ausgeübt. Erst später, ab ungefähr 1900, bürgerte sich langsam ein, dass die Verlage eine Auflage einheitlich binden ließen. Da die Druckereien das vorerst nicht selbst erledigen konnten, machten das Buchbindereien mit einer entsprechenden technischen Ausstattung. In Kevelaer entstand aber eine Sonderform der Buchbinderei, wie wir noch sehen werden.

Diese Trennung von Buchdruck und Buchbindung hat sich bis viele Jahre nach dem Zweiten Weltkrieg beim Autorenhonorar ausgewirkt. Die Verlage berechneten dieses auf der Basis des Preises des ungebundenen Exemplars. Diese Praxis wurde auch dann beibehalten, als die Verlage ihre Bücher schon längst selbst binden ließen und so in den Verkauf brachten. Bei der Berechnung des Autorenhonorars wurde daher beim Ladenpreis ein Bindeabschlag (ca. zehn bis zwanzig Prozent) vorgenommen. Erst in den siebziger Jahren des 20. Jahrhunderts verschwand diese Praxis.

Wappen der Buchbinder

Buchbinderwerkstatt um 1880.

WIE GING ES MIT FRANZ HERMANN BERCKER WEITER?

Franz Hermann Bercker absolvierte in Kevelaer die Volksschule. Mit 14 Jahren begann er 1855 eine Lehre – heute nennt man das Ausbildung – bei dem bereits erwähnten Buchbinder Gerhard Anton Schellen in Kevelaer. Das war vernünftig, denn es ist nicht immer gut, wenn man bei seinem Vater in die Lehre geht. Er war also ein Lehrling, wie damals und bis weit nach dem Zweiten Weltkrieg die Auszubildenden (Azubis) hießen. Damals war diese Lehre noch nicht so genau geregelt wie heute, und es gab noch keine Berufsschule, d. h. das duale System bei der Ausbildung.

Als dessen Lehrzeit zu Ende war, wurde er „freigesprochen", wie es seinerzeit so schön hieß, und war damit Geselle. Er konnte jetzt als Buchbindergehilfe tätig werden. Wie damals und bis in die Zwischenkriegszeit hinein üblich, ging ein solcher Geselle auf Wanderschaft, um sich in seinem Metier den Horizont zu erweitern bzw. weiterzubilden. Das war eigentlich eine geniale Idee, die die ökonomische Innovation förderte. So zog Franz Hermann Bercker 1858 zuerst nach Köln und war dort als Buchbindergehilfe tätig. Hier lernte er sicherlich viel, denn Köln war eine Großstadt sowie Sitz eines Erzbischofs und zahlreicher Behörden, in der es eine entsprechende Zahl von Buchkäufern gab.

1859 kehrte er wieder nach Kevelaer zurück und arbeitete im väterlichen Betrieb. Im Herbst 1860 zog er nach Düsseldorf, um dort ebenfalls in einer Buchbinderei zu arbeiten. Ab Frühjahr 1861 war er wieder in Kevelaer, um im väterlichen Betrieb tätig zu sein. 1870 machte er sich als Buchbindermeister selbständig. Anlass dazu wird u. a. sicherlich seine am 22. November 1870, dem Gedenktag der hl. Cäcilia, erfolgte Eheschließung

Firmenschild aus Porzellan.

links:
Franz Hermann Bercker (1841–1899).

rechts:
Maria Magdalene Bercker, geb. Gerritzen (1850–1908).

mit Maria Magdalena Gerritzen gewesen sein, denn nun musste er eine Familie ernähren. Im Garten seines elterlichen Anwesens in der Neustraße – im heutigen Areal der Luxemburger Galerie – baute er sich ein Haus (später die Adresse Neustraße 9) mit einer Werkstätte im ersten Stock. Von seinem Vater erhielt er den entsprechenden Grundstücksanteil übertragen. Das war anfänglich kein großer Betrieb. Er begann mit einem Gehilfen und zwei Lehrlingen.

In Wallfahrtsstätten spielen Bücher, insbesondere Gebetbücher, eine große Rolle. Das war natürlich für eine Buchbinderei eine günstige Perspektive, obwohl es 1873 eine wirtschaftliche Krise (Börsenkrach) gab, bei der viele Menschen ihr mühsam Erspartes verloren hatten. In der Folge kam es 1875 zur ersten Währungsreform in der Geschichte des Unternehmens Butzon & Bercker. Bis dahin gab es in Preußen den Taler zu je 30 Groschen und die zu je zwölf Pfennige. Ab 1875 wurde im nunmehrigen Deutschen Reich die Mark-Währung eingeführt mit 100 Pfennigen je eine Mark. Vorher waren also zwölf Pfennige ein Groschen. Für einen Taler bekam man drei Mark. Es gehört zu den Sonderbarkeiten der deutschen Alltagsgeschichte, dass man bis Anfang des 21. Jahrhunderts von Kassiererinnen in Supermärkten hören konnte: „Haben Sie 'nen Groschen?" Wobei hier eine Zehn-Pfennig-Münze gemeint war. Der preußische Groschen hat also 125 Jahre überdauert.

150-jährigen Geschichte fünf Währungen (und zwölf Päpste …).

Für die Gründerzeit muss auch erwähnt werden, dass bereits 1865 in Kevelaer die Verlagsbuchhandlung Joseph Thum entstanden ist, die sich auf die Herstellung und Bindung von Gebetbüchern spezialisiert und Wallfahrtsartikel (Devotionalien) vertrieben hatte. Sie war sicher eine Konkurrenz für Franz Hermann Bercker und entstand ebenfalls in Folge der Eröffnung der Bahn und der starken Zunahme der Wallfahrt nach Kevelaer.

In diesen beiden Gebäuden in der Neustraße, zuerst das ganz linke 1870, dann das mittlere 1875 (später die Hausnummern 9 und 11), begann die Buchbinderei von Franz Hermann Bercker.

Franz Hermann Bercker mit seinem kleinen Sohn Joseph und der Belegschaft, die damals elf Mitarbeiter zählte. Da Joseph 1871 geboren wurde, dürfte diese Aufnahme um das Jahr 1875 entstanden sein. Die Mitarbeiter haben charakteristische Buchbinderwerkzeuge in ihren Händen, etwa Pressen, die damals in Gebrauch waren.

Neben dieser Währungsumstellung gab es in der Geschichte von Butzon & Bercker noch die von 1923, als die inflationäre Mark von der Reichsmark abgelöst wurde, dann die von 1948 mit der Einführung der D-Mark und schließlich 2002 die Einführung des Euro. Das waren vier Umstellungen. Oder anders ausgedrückt: Butzon & Bercker erlebte in seiner über

WANN WURDE DIE FIRMA BERCKER GEGRÜNDET?

Seit der 1970 erschienenen Festschrift zu Hundert Jahre Butzon & Bercker wird 1870 als das Gründungsjahr angenommen und in folgenden Dezennien (1990: 120 Jahre, 2000: 130 Jahre) entsprechend auch gefeiert. (Eine 150-Jahrfeier im Jahr 2020 war wegen der Corona-Pandemie allerdings nicht möglich.) Inzwischen wissen wir, dass Bernhard Bercker sen. der erste aus seiner Familie war, der das Buch zu seinem Beruf gemacht hat. Wir wissen nicht, wann er genau als Buchbinder begonnen hat, wir wissen lediglich, dass es ihn 1843 als Buchbindermeister bereits gegeben hat. Wir wissen auch nicht, ob sein Sohn Franz Hermann seinen Betrieb übernommen hat, ob der Vater vielleicht schon vor 1870 (z. B. aus gesundheitlichen Gründen) aufgehört hat und der Sohn neu anfangen musste, oder ob es möglicherweise zwischen Vater und Sohn einen Dissens gegeben hat.

Offenbar ist im Laufe der Zeit das Wirken von Bernhard Bercker sen. in Vergessenheit geraten bzw. in den Hintergrund getreten, vor allem nach 1945. Daher hat man nach dem Zweiten Weltkrieg die Gründung der Buchbinderei von Franz Hermann Bercker als Gründungsjahr angenommen und 1970 die Hundertjahrfeier angesetzt. Denn vor allem im Rückblick war es legitim, in Franz Hermann Bercker den eigentlichen Motor für die Expansion des Unternehmens und damit den Gründer zu sehen. Er war schließlich derjenige, der ab 1870 aus dem kleinen Familienbetrieb ein bedeutendes mittelständisches Unternehmen der Buchbranche machte.

Nach dem, was wir wissen, können wir kein exaktes Gründungsdatum festlegen, wie vergleichsweise das Datum der Unterzeichnung eines Gesellschaftervertrags oder der Eintragung in das Handelsregister, sondern es war eher ein Gründungsprozess, der das Werden der Firma Bercker kennzeichnete. Dieser begann in dem Augenblick, als Bernhard Bercker sen. in das Buchbinderhandwerk eingestiegen ist. Das wird höchstwahrscheinlich um 1840 gewesen sein. Dieser Prozess endete dann 1874 mit der formellen Errichtung der Firma Butzon & Bercker – das waren also mehr als 30 Jahre.

AUS BERCKER WIRD BUTZON & BERCKER

Franz Hermann Bercker muss wirklich ein innovativer Charakter gewesen sein, der nicht zuletzt wegen der Konkurrenz versucht hat, aus seinem anfänglich kleinen Betrieb etwas zu machen. Er lernte Hermann Butzon aus Mönchengladbach (diese Stadt hieß damals München-Gladbach) kennen, der eine zündende Idee hatte: Er produzierte den damals noch jungen Werkstoff Zelluloid (Zellhorn)

Ein Gebetbuch mit einem Zelluloid-Einband.

und bot ihn für die Buchbindung an. Dieser wurde aus Zellulosenitrat und Campher (ein bicyclisches Monoterpen-Keton) hergestellt. Erfunden wurde er 1856 in England. Es dauerte aber, bis sich das Zelluloid durchgesetzt hat und vor allem dann für die Filmbranche wichtig wurde. Jedenfalls hat Hermann Butzon diesen Werkstoff noch nicht industriell angefertigt, sondern in überschaubaren Mengen hergestellt.

Es kam also zu einer Zusammenarbeit zwischen Hermann Butzon und Franz Hermann Bercker, denn Zelluloid war auch für die Buchbindung höchstinteressant. Über den Einbanddeckel aus Pappe darübergelegt, wurde die Bucheinbindung mittels Zelluloid bedeutend widerstandsfähiger. Für normale Bücher, die man einmal gelesen und dann in das Bücherregal seiner Bibliothek gestellt hat, war das unerheblich, nicht jedoch für Bücher, die regelmäßig bis intensiv genutzt wurden. Dazu zählten auch die Gebetbücher, und diese spielten in einer Wallfahrtstadt wie Kevelaer eine entsprechend große Rolle. Denn sie wurden dort hergestellt und verkauft. Wer also Gebetbücher mit diesem Zelluloid-Einband verkauft hat, hatte einen Wettbewerbsvorteil. Und damit ergab sich für die Berckersche Buchbinderei ein neues Geschäftsmodell.

Hermann Butzon stieg nun am 4. Oktober 1874 als Compagnon bei der Firma Bercker ein, und sie hieß ab nun Butzon & Bercker. Dass die beiden Namen nicht alphabetisch gereiht waren, lässt die Vermutung zu, dass Hermann Butzon mehr Kapital eingebracht hat als Franz Hermann Bercker. Dadurch vergrößerte sich auch der Betrieb, in dem nun zwölf Gehilfen arbeiteten. Und damit sind wir an dem Punkt der spezifischen Entwicklung der Buchbindereien in Kevelaer angelangt.

Da Franz Hermann Bercker und Hermann Butzon aus Erfahrung wussten, was in Kevelaer verlangt bzw. verkauft wird, traten sie schon bald selber als Verlag auf. Bereits 1874 reichte Butzon & Bercker ein Manuskript beim Generalvikariat des zuständigen Bistums Münster ein, um die kirchliche Druckerlaubnis – das Imprimatur – für ein Gebetbuch zu erhalten. Nach Lage der Dinge dürfte es das von Butzon & Bercker unter diesem Namen erste verlegte Buch gewesen sein, das in den folgenden Jahren nachgedruckt wurde.

Aus dem Jahr 1875 stammt auch das erste Logo von Butzon & Bercker. Sein Grundmotiv ist der Anker, der anstatt von einer Öse von einem Kreuz gekrönt ist und von den

Das erste Firmen-Logo aus dem Jahr 1875.

beiden Buchstaben B flankiert wird. Zwischen diesen beiden befindet sich das kaufmännische Und-Zeichen (&). B & B wurde in den Jahrzehnten nach 1945 eine gern verwendete Abkürzung in der geschäftlichen Kommunikation für Butzon & Bercker. Der Anker ist nicht nur das Symbol für die Hoffnung, sondern auch des christlichen Glaubens, auf dessen Fundament die Firma aufgebaut ist.

Ab 1872 begann in Preußen der Kulturkampf gegen die katholische Kirche. Durch Gesetze und Verordnungen wurden ihr Wirkungskreis und der ihrer „Konfessionsdiener" eingeschränkt. Im Mai 1876 kam dieser Kulturkampf auch nach Kevelaer. Die Bewohner des Priesterhauses, insbesondere der Klerus, wurden zwangsweise von dort vertrieben. Auf dem Kapellenplatz versammelte

IHS

Blüthen aus dem Paradiese der Kirche

Vollständiges Gebet-u. Andachtsbuch für katholische Christen

Von einem Priester der Erzdiöcese Köln

Mit bischöflicher Approbation

KEVELAER

VERLAG von BUTZON & BERCKER

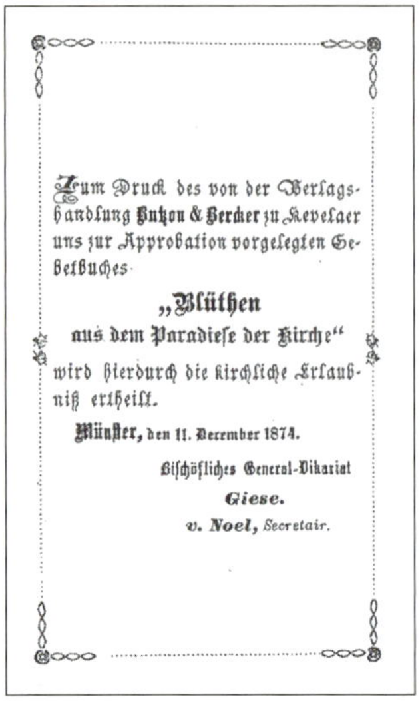

Zum Druck des von der Verlagshandlung Butzon & Bercker zu Kevelaer uns zur Approbation vorgelegten Gebetbuches

„Blüthen aus dem Paradiese der Kirche“

wird hierdurch die kirchliche Erlaubniß ertheilt.

Münster, den 11. December 1874.

Bischöfliches General-Vikariat

Giese.

v. Noel, Secretair.

Wahrscheinlich eines der ersten Bücher des nunmehrigen Verlags Butzon & Bercker aus Ende 1874. Bestätigt wird dieses Alter auch durch die Schreibweise „Blüthen“. Anfang 1875 gab es eine orthographische Konferenz der deutschsprachigen Länder, bei der dieses „h“ abgeschafft wurde.

sich die zutiefst erschütterte Bevölkerung. Die Wallfahrtsleitung zog vorübergehend in den Gasthof „Zur Stadt London“ (Maasstraße 1–3), und die Wallfahrt wurde behindert. 1880 konnte das Priesterhaus wieder bezogen werden. Franz Hermann Bercker wird das alles hautnah mitbekommen haben und davon geprägt worden sein. In der katholischen Bevölkerung Preußens bzw. auch des Deutschen Reiches regte sich Widerstand, der zur Entstehung des machtvollen katholischen Vereinswesens und auch zum Aufblühen des katholischen Lebens führte – und damit zu einer weiteren Belebung der Wallfahrt.

Es wundert daher nicht, dass das Unternehmen Butzon & Bercker trotz oder gerade deswegen expandierte. Neben des 1870 erbauten Hauses wurde 1877 ein zusätzliches Firmengebäude errichtet (spätere Hausadresse Neustraße 11, siehe S. 24). Auch 1883 wurde das Firmengelände mit weiteren Gebäuden hinter der Neustraße erweitert. Über diese heißt es, dass sie „stattlich“ gewesen seien. Damit war die Grundlage für jenen Gebäudekomplex gelegt worden, der dann vor der nunmehrigen Luxemburger Galerie für fast hundert Jahre Druckerei, Binderei und Verlag beherbergt hatte und eingangs dieses Buches zu sehen ist.

Für 1884 wird berichtet, dass auch eine eigene Gasfabrik errichtet wurde. Gas brauchte man u. a. für die Pressen, die die Heißprägungen auf den Einbänden vornahmen. Als Gas wurde damals natürlich nicht Erdgas verwendet, sondern es wurde durch Verkokung hergestellt. Hierbei wird Steinkohle luftabgeschlossen auf ca. 1000 Grad erhitzt. Dadurch entsteht ein spezielles Gas sowie als Abfallprodukt Koks, den man quasi wie Kohle verheizen kann. Dieses Gas war Kohlenmonoxid (CO). Ab Mitte des 19. Jahrhunderts wurde es vor allem in großen Städten zum einen für die Beleuchtung (Gaslaternen) verwendet sowie zum anderen in die Häuser bzw. Wohnungen für die Küchenherde (Gasherde) eingeleitet. Allerdings hatte dieses Leucht- oder Stadtgas, wie es damals hieß, einen eminenten Nachteil: Es war hochgiftig. Da es geruchslos ist, merkt man ein versehentliches Ausströmen nicht. Man erstickt daran, weil sich das Kohlenmonoxid den Sauerstoff aus der Lunge holt, um daraus CO_2 zu werden. Bedauerlicherweise starben viele Leute nicht nur an solchen Unfällen, sondern nicht wenige sahen darin eine Möglichkeit, damit ihrem Leben ein Ende zu setzen.

Ein solches kleines Gaswerk stand nun als Energieproduzent auf dem Firmengelände in der Neustraße und ist auf dem Foto gut zu erkennen. Strom stand damals noch nicht zur Verfügung. Erst ab 1898 gab es ein örtliches Elektrizitätswerk. Man sieht auch den Gasometer, in dem das hergestellte Gas geleitet wird. Der Zufall wollte es, dass das Außenmitarbeiterteam, das Butzon & Bercker in Österreich betreut, sein Büro in einem ehemaligen gemauerten Gasometer in Wien hat.

Hier sieht man deutlich die Gasfabrik von Butzon & Bercker. Rechts vom Schornstein erkennt man den Gasbehälter, auch Gasometer genannt. Der unten offene Stahlzylinder schwimmt in einem Wasserbecken. In diesen Zylinder strömt das produzierte Gas, so dass sich dieser nach oben bewegt. Der aus Stahl bestehende Zylinder erzeugt wiederum den nötigen Druck, damit das Gas an den Zielort gelangt.

DIE HERREN BUTZON UND BERCKER TRENNEN SICH WIEDER

Werfen wir noch einen Blick auf das Leben von Franz Hermann Bercker. Das Jahr 1870 war für ihn doppelt entscheidend. Er gründete in diesem Jahr nicht nur seine Buchbinderei, sondern er ehelichte, wie bereits erwähnt, auch Maria Magdalena Gerritzen. Dieser Ehe entsprangen, man möchte es fast nicht glauben, 14 Kinder: acht Mädchen und sechs Jungen. Aber wie es damals leider üblich war, starben später einige Kinder in sehr jungen Jahren oder gar schon kurz nach der Geburt. Der älteste Sohn hieß Joseph, dann folgte ein Mädchen, das dritte Kind war wieder ein Mädchen und hieß Bernhardine. Das vierte Kind war ein Sohn und hieß Bernhard. Beide sind wohl in Erinnerung an ihren Großvater mit diesen Namen getauft worden.

Inzwischen wurde die Zelluloidherstellung immer stärker industrialisiert, sodass die Herren Butzon und Bercker 1890 in Krefeld eine Zelluloid-Fabrik gründeten. Doch bereits 1891 trennten sich die beiden nach 17jähriger Zusammenarbeit. In Krefeld wurde nun diese Fabrik unter Hermann Butzon weitergeführt, während am Standort Kevelaer die Buchbinderei und der Verlag verblieben. Aufgrund des bereits eingeführten Namens führte man dieses Unternehmen unter Butzon & Bercker weiter, obwohl es den Gesellschafter Butzon nicht mehr gab.

In diesen Jahren hatte sich, wie bereits erwähnt, eine Änderung bei den Kevelaerer Buchbindern durchgesetzt. Die „Gebetsbuchindustrie" entwickelte sich derart, dass die ursprüngliche handwerksmäßige Belieferung Privater an Bedeutung verlor. Anstatt dessen hat man zuerst von Verlagen, im Besonderen in Köln und Münster, Rohbogen von Gebetsbüchern erworben, diese in Art eines Subverlages aufgebunden und an Wiederverkäufer oder Direktkunden abgesetzt. Daraus entstand eine eigene Verlagstätigkeit. Aufgrund ihrer Verkaufserfahrungen nahmen die Buchbindereien, vornehmlich Butzon & Bercker und Joseph Thum, Andachtsliteratur in den eigenen Verlag und ließen diese auswärts drucken. Hier erwies sich Kevelaer insofern als Standortvorteil, weil die potenziellen Autoren selbst als begleitende Priester der Pilgergruppen in die Wallfahrtsstadt kamen. Das ist bei Butzon & Bercker bereits für 1874 nachweisbar (siehe oben), und im Jahr 1900 gab es schon über 700 lieferbare Titel.

Kehren wir wieder zu Franz Hermann Bercker zurück. Sein ältester Sohn Joseph (geb. 1871) und sein viertes Kind Bernhard (geb. 1875) stiegen in den väterlichen Betrieb ein. Für heutige Verhältnisse war das für die beiden nicht immer einfach, wenn man die Erinnerungen von Bernhard liest: „Der Vater war außerordentlich streng und mit Ohrfeigen und Stock zur Hand, wenn die Arbeit nicht sofort zustande gekommen war, wie der Vater Franz es wünschte.“ Beide Söhne absolvierten verschiedene Ausbildungen, auch auswärts, wie etwa Bernhard in einer Krefelder Papierhandlung, und auch ihr Einjährig-Freiwilligenjahr bei der preußischen Armee.

Aufgrund eines Schlaganfalls von Franz Hermann Bercker übernahm 1897 Joseph die Leitung der Buchbinderei, die sich inzwischen stark vergrößert und ca. 100 Mitarbeiter hatte (1892 waren es noch 47). Bernhard übernahm dagegen die Leitung des Vertriebs. Allerdings behielt sich der Vater die Oberleitung vor. Das bedeutete nun, dass Bernhard für den Außendienst zuständig war und als Vertreter auf Reisen gehen

Die Kinder von Franz Hermann und Maria Magdalena Bercker schenkten 1895 ihren Eltern zu ihrer Silberhochzeit dieses Gedenkblatt. Es ist eine historisierend-allegorische Darstellung des Buchbindegewerbes im Stil der damaligen Zeit und zeigt dessen Wappen mit einem Buch in einer Presse. Zu diesem Zeitpunkt lebten noch elf der insgesamt vierzehn Kinder.

musste. Nach seinen Schilderungen gab es ständig Konflikte zwischen seinem Bruder Joseph und dem Vater. Letzterer starb schließlich 1899 mit 58 Jahren, und seine Söhne erbten das Unternehmen.

Die Streitigkeiten setzten sich aber zwischen den beiden Brüdern fort, was Joseph gesundheitlich zu schaffen machte. Dieser schied schließlich 1912 aus dem Unternehmen und gründete unter seinem Namen einen eigenen Verlag (Verlagshandlung Joseph Bercker). Dieser gab hauptsächlich religiöse Literatur heraus (Gebetsbücher, Spiritualität, Sachbücher). Im Deutschen Reich bekannt wurde er u. a. mit seinem Gesangs- und Gebetbuch für die katholische Militärseelsorge. Nach dem Zweiten Weltkrieg bzw. seinem Tod (1948) wurde der Verlag nicht mehr weitergeführt.

Das Logo der „Verlagshandlung" Joseph Bercker.

DER AUFSCHWUNG: VON DER BUCHBINDEREI ZUM VERLAG UND ZUR DRUCKEREI

Bereits in den Jahren vor 1900 entwickelten sich die Geschäftstätigkeiten entscheidend weiter, und zwar nicht nur bei Butzon & Bercker, sondern auch bei den anderen Firmen des Buchgewerbes in Kevelaer, die 1895 rund fünf Prozent der Einwohner ernährten. Es gab damals in diesen Betrieben 270 Beschäftigte, davon befanden sich 100 bei Butzon & Bercker, also mehr als ein Drittel. Von diesen 270 waren 56 Jugendliche unter 16 Jahren, davon 18 weiblich. 149 fest Beschäftigte waren über 16 Jahre alt, davon 32 weiblich. Die Zahl der kaufmännisch Angestellten betrug 23. Hinzu kamen 42 Heimarbeiterinnen, sodass die Zahl der weiblichen Beschäftigten insgesamt 74 betragen hat, das sind 27,4 Prozent. Natürlich waren diese in der Hauptsache ungelernte Arbeitskräfte. Mehr als die Hälfte von diesen waren Heimarbeiterinnern – wenn man so will eine Vorform des heutigen *Homeoffice*. Diese Tätigkeit wurde deshalb von Frauen ausgeübt, weil sich dadurch eher Beruf und Familie vereinen ließen, um ein modernes Schlagwort zu verwenden, und ein familiärer Zuverdienst möglich war.

Eine Rechnung in niederländischer Sprache aus dem Jahr 1899. Sie beweist, dass Butzon & Bercker damals auch außerhalb des deutschsprachigen Raums aktiv war. In der Ecke links oben sieht man drei Abbildungen. Ganz links untereinander die schon bekannten zu den ersten Gebäuden und der Gasfabrik. Das dritte Bild zeigt das noch ziemlich locker bebaute Gelände.

Was haben damals, also im Jahr 1895, die Menschen in Kevelaer in dieser Branche verdient? Die männlichen Beschäftigten über 16 Jahre hatten einen maximalen Stundenlohn von 32 Pfennig, die weiblichen verdienten knapp die Hälfte davon. Das war für die Männer ein Monatsgehalt von maximal 65 Mark. Die kaufmännischen Angestellten bezogen ein maximales Monatsgehalt von 170

Mark. Damals wurde noch zwischen Arbeitern, die nach Stunden bezahlt wurden, und Angestellten, die ein Monatsgehalt bezogen hatten, unterschieden.

1895 wurden von allen fünf Betrieben Kevelaers 700.000 Gebetbücher produziert. Es wurden solche mit einfachen Einbänden bis hin in feinsten Ledereinbänden hergestellt, und diese nicht nur in deutscher Sprache, sondern auch in Niederländisch, Französisch und Englisch. Hinzu kam noch die volkstümliche Erbauungsliteratur. Von diesen Produktionen wurden zehn Prozent in Kevelaer und fünf Prozent im Ausland abgesetzt. Der überwiegende Teil (85 Prozent) wurde im Deutschen Reich verkauft.

Und so wundert es nicht, dass am 3. Februar 1900 Butzon & Bercker von Papst Leo XIII. (der zweite Papst in der Geschichte des Unternehmens) den Titel „Verleger des Heiligen Apostolischen Stuhls“ verliehen bekommen hat. Diese Auszeichnung musste vom zuständigen Diözesanbischof, in diesem Fall vom Bischof von Münster, beantragt worden sein und stand höchstwahrscheinlich in Zusammenhang mit dem „Heiligen Jahr“ 1900. Sie entsprach im weltlichen Bereich dem Titel eines „Hoflieferanten“ und zierte dann die Geschäftspapiere,

Im Jahr 1900 erhielt Butzon & Bercker vom Papst die Auszeichnung „Verleger des Heiligen Apostolischen Stuhles“. Auf dem Anker des bisherigen Logos wurde das päpstliche Wappen darübergelegt.

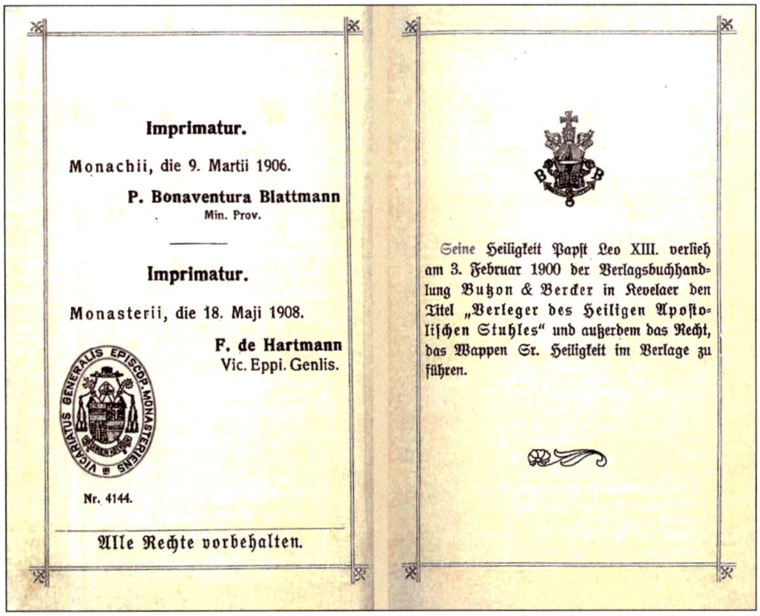

Imprimatur.

Monachii, die 9. Martii 1906.

P. Bonaventura Blattmann
Min. Prov.

Imprimatur.

Monasterii, die 18. Maji 1908.

F. de Hartmann
Vic. Eppi. Genlis.

VICARIATUS GENERALIS EPISCOP. MONASTERIENS

Nr. 4144.

Alle Rechte vorbehalten.

Seine Heiligkeit Papst Leo XIII. verlieh am 3. Februar 1900 der Verlagsbuchhandlung Butzon & Bercker in Kevelaer den Titel „Verleger des Heiligen Apostolischen Stuhles“ und außerdem das Recht, das Wappen Sr. Heiligkeit im Verlage zu führen.

Mit dem Titel „Verleger des Heiligen Apostolischen Stuhles“ machte der Verlag insbesondere in seinen Gebetbüchern Werbung. Der hier die Druckerlaubnis erteilende Münsteraner Generalvikar Felix von Hartmann wurde später Bischof von Münster sowie dann Erzbischof von Köln und Kardinal.

Visitenkarten oder Schilder und war natürlich eine eminente Werbung. In diesem Sinne wurde auch das bisherige Logo der Firma geändert. Das Grundmotiv des Ankers blieb bestehen, jedoch wurde auf dieses das päpstliche Wappen mit der Tiara darübergelegt. Die beiden Buchstaben B rechts und links blieben erhalten.

In den folgenden 18 Jahren nach 1895 stieg das wirtschaftliche Wachstum der Buchbetriebe in Kevelaer

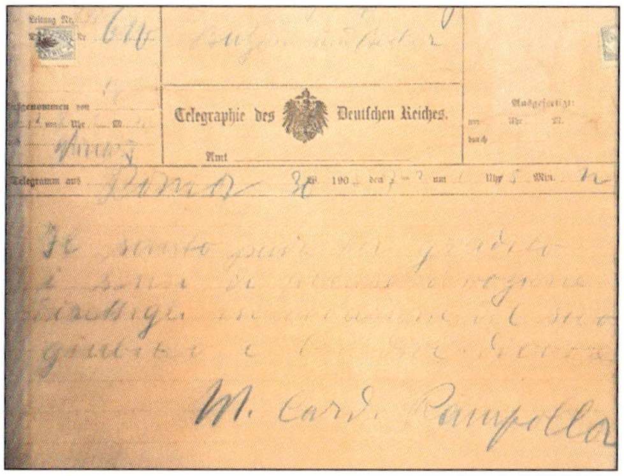
Telegraphie des Deutschen Reiches.
Amt
M. Card. Rampolla

Als „Verleger des Apostolischen Stuhles" hatte Butzon & Bercker Anfang 1903 Papst Leo XIII. zu seinem 25jährigen Regierungsjubiläum beglückwünscht. Der Kardinalstaatssekretär Mariano Rampolla antwortete im damaligen kurialen Stil: „Der Heilige Vater greift die Gefühle kindlicher Verehrung auf, die anläßlich seines Jubiläums an ihn gerichtet sind, und segnet von Herzen." Ein halbes Jahr später starb der Papst. Kardinal Rampolla ging als hoher Favorit ins Konklave, jedoch Kaiser Franz Joseph von Österreich machte von seinem Ius exclusivae (Recht des Ausschlusses) Gebrauch und verhinderte aus politischen Gründen dessen Wahl. Papst wurde Pius X. Dieser führte dann die Erstkommunion bereits im Volksschulalter ein. Diese Regelung kam dann Jahrzehnte später Butzon & Bercker zugute (siehe S. 81).

rasant. Das lag im allgemeinen Trend dieser Jahre, die für das Deutsche Reich und das übrige Europa von einem enormen wirtschaftlichen Fortschritt gekennzeichnet waren. Dieser wurde aber 1914 durch den Ausbruch des Ersten Weltkriegs gestoppt. 1913 betrug die Zahl der in Kevelaer produzierten Gebetbücher zwei Millionen. Das war gegenüber 1895 fast eine Verdreifachung! Davon wurden 32 Prozent exportiert und nur mehr fünf Prozent vor Ort abgesetzt, der Rest im Inland. Erstaunlich – und aus heutiger Sicht hält man das kaum für möglich – gab es die Steigerung des Exports nicht nur in europäische Länder, sondern auch nach Übersee, vornehmlich Nord- und Südamerika. Das Kevelaerer Buchgewerbe konnte sich „eine angesehene Stellung auf dem Weltmarkt erobern" (Adolf Marx).

Blicken wir wieder so wie für 1895 auf die Zahlen im Jahr 1913. In diesem gab es in den Kevelaerer Buchbetrieben 794 Beschäftigte. Wie viele davon auf Butzon & Bercker entfielen, ist nicht überliefert. Man kann aber davon ausgehen, dass diese Zahl ebenfalls entsprechend angestiegen ist. Das war fast eine Verdreifachung. Von diesen 794 waren 118 Jugendliche unter 16 Jahren, davon 51 weiblich. 343 fest Beschäftigte waren über 16 Jahre alt, davon 154 weiblich. Die Zahl der kaufmännisch Angestellten betrug 67. Hinzu kamen 235 Heimarbeiterinnen, sodass die Zahl der weiblichen Beschäftigten insgesamt 440 betragen hat, das sind 55,4 Prozent! Dieser deutliche Anstieg ist auf die Heimarbeiterinnen zurückzuführen. Jedenfalls ist die Zahl der in der Buchbranche tätigen Personen deutlich gestiegen. In Kevelaer waren

Die Jahre vor dem Ersten Weltkrieg wurden sehr stark vom Jugendstil geprägt. Dieser beeinflußte den Baustil und die dekorative Gestaltung. Diesem Trend folgte auch Butzon & Bercker.

zu dieser Zeit genauso viele Personen in der Buchbranche wie in der Landwirtschaft beschäftigt.

Was wurde im Jahr 1913 verdient? Die männlichen Beschäftigte über 16 Jahre hatten einen maximalen Stundenlohn von 70 Pfennig, die weiblichen verdienten weniger als 30 Prozent davon. Das war bei den Männern ein Monatsgehalt von maximal 140 Mark. Die kaufmännischen Angestellten bezogen ein maximales Monatsgehalt von 300 Mark. Das entsprach ungefähr einem Monatsgehalt eines Volksschullehrers. Es haben sich in diesen Jahren die Verdienstmöglichkeiten deutlich verbessert. Das hatte auch Auswirkungen auf den Lebensstandard und die Kaufkraft in Kevelaer.

Die bei Butzon & Bercker entstandene Verlagstätigkeit war weit gespannt. Es wurden nicht nur Gebetbücher und sonstige religiöse Literatur herausgebracht, sondern auch Bücher zu anderen Themen. Somit stand man auf einer wesentlich breiteren Basis als etwa der erwähnte Kevelaerer Konkurrent Joseph Thum, der sich nur auf Gebetbücher u. ä. beschränkt hatte. Zu den frühen Autoren bei Butzon & Bercker zählte z. B. Anton Schott, der u. a. dort im Jahr 1900 seinen erfolgreichen Roman „Auf Irrwegen" und spätere auch andere Werke veröffentlicht hatte. So gab es bei Bercker die Unterhaltungsreihe „Aus Vergangenheit und Gegenwart". Im Jahr 1908 versuchte Bernhard Bercker den bekannten „Reiseschriftsteller" Karl May als Autor für diese zu gewinnen – allerdings vergeblich. Das mag aus heutiger Sicht verwundern. Aber Karl May pflegte nachweislich enge Kontakte zum katholischen Milieu und hielt dort zahlreiche Vorträge.

In den Jahren vor und nach dem Ersten Weltkrieg gab es im deutschen Sprachraum eine Schar von Schriftstellern, die fast jährlich einen Roman für ein breites Leserpublikum herausbrachten, zu denen auch Schott gehörte. Ebenso Joseph von Lauff, der den erfolgreichen Roman „Kevelaer" verfasst hat (erschien allerdings nicht bei Bercker). Man muss nämlich bedenken, dass es damals weder das Kino, noch das Fernsehen gab. Ein durchaus interessiertes Leserpublikum brauchte aber kontinuierlich literarischen Nachschub, und diesen bedienten zahlreiche Autoren. Butzon & Bercker profitierte ebenfalls davon.

In der Folge wurde 1913 die Firma, die 1911 der größte Gewerbesteuerzahler in Kevelaer war, in eine GmbH umgewandelt, und Bernhard Bercker wurde Geschäftsführer. In diesem Jahr begann auch der Druckbetrieb, und die nötigen Investitionen wurden angeschafft. Die geschilderte positive wirtschaftliche Entwicklung machte das möglich. Dazu zählten u. a. eine Handsetzerei, 16 elektrische Prägepressen, Schneidemaschinen und mechanische Heftmaschinen. Das Unternehmen hatte folglich jetzt drei Sparten (in der Reihenfolge der Entstehung): eine Binderei, einen

Vor dem Ersten Weltkrieg erweiterte Butzon & Bercker seine Geschäftstätigkeit durch die Errichtung einer Druckerei. Diese brauchte entsprechenden Platz, und so wurde ein Gebäude mit insgesamt vier Etagen errichtet, das damals das höchste zivile Gebäude in Kevelaer war. Um das zu dokumentieren, beauftragte man einen Maler, dieses für die Nachwelt festzuhalten. Man erkennt auf dem Dach links hinten einen turmartigen Aufsatz. Das war der Schacht für den Aufzug. Ein solcher war bei mehreren Etagen notwendig, um die Druckbögen bzw. die Bücher transportieren zu können.

Buchverlag und nun auch eine Druckerei. Logischerweise wurden nun die im Hause verlegten Bücher nicht nur dort gebunden, sondern auch gedruckt.

Aus heutiger Sicht gab es damals einen komplizierten Vorgang bei der Buchherstellung, denn der auf Bögen gedruckte Inhalt der Bücher musste von der Druckerei zu einer Binderei transportiert werden. Da es damals noch keine leistungsfähigen Lastkraftwagen gab, musste fast alles mit der Bahn transportiert werden. Kevelaer hatte – wie erwähnt – diesbezüglich einen Standortvorteil, denn es war an das Bahnnetz angeschlossen. Allerdings ist es heute nahezu

Eine kleine Auswahl der Buchproduktion vor dem Ersten Weltkrieg

Auf die Lehrerinnen wurde damals besonderen Wert gelegt.

Ein Gebetbüchlein für Kinder mit Zelluloid-Einband

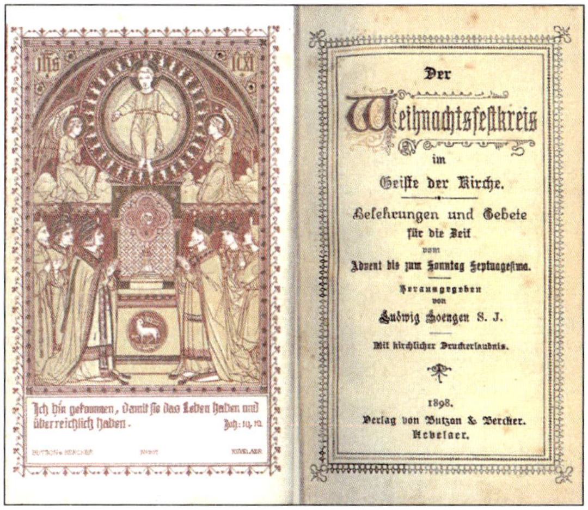

Ein Erbauungsbüchlein
zur Hochzeit damals.

Ein Geschenkbuch von
Butzon & Bercker zur
Hochzeit 130 Jahre später.

unvorstellbar, dass alles mit Pferdefuhrwerken oder gar Handkarren vom Kevelaerer Güterbahnhof in die Neustraße transportiert werden musste. Desgleichen geschah umgekehrt mit den Bindeaufträgen oder mit dem Papier für die Druckerei. Ein

Dieses Foto aus dem Jahr 1913 zeigt in diesem neuen Gebäude, man erkennt das an den Fenstern, eine elektrisch beheizte Heißprägepresse für Bucheinbände. Diese war damals sehr modern und wurde in der Fachpresse entsprechend gewürdigt.

einziges Blatt Papier ist bedruckt oder unbedruckt sehr leicht, in geballter Form als Bücher kann es jedoch sehr schwer sein. Noch dazu gab es damals keine Paletten oder gar Hubstapler, mit denen es sich heutzutage leichter transportieren ließ.

Butzon & Bercker konnte jetzt eine Komplettfertigung anbieten, nämlich Druck (inklusive Satz) und Bindung. Das war ein Wettbewerbsvorteil bei der Akquise von Fremdaufträgen für die Druckerei. Wie wir gesehen haben, war das anfänglich nicht die Übung. In der Regel wurden – oftmals bis in die Zeit nach dem Zweiten Weltkrieg – die Bücher von unterschiedlichen Firmen an unterschiedlichen Orten gedruckt und gebunden. Heute ist es gang und gäbe, dass die Druckereien eine Komplettfertigung anbieten. Dafür hat sich aufgrund des Fortschritts im IT-Wesen die Satzherstellung abgesondert.

WIE GING ES MIT DER FAMILIE BERCKER UND DEM UNTERNEHMEN WEITER?

Die Schüsse von Sarajevo am 28. Juni 1914 führten zum Ersten Weltkrieg und beendeten die wirtschaftliche Aufschwungsphase in den Jahren zuvor. Die Wallfahrtszahlen in Kevelaer sanken dementsprechend deutlich, was wiederum das örtliche Gewerbe und den lokalen Handel getroffen hat. Auch bei Butzon & Bercker sanken die Verkaufserlöse. In dieser nicht leichten Phase wurde 1915 Bernhard Bercker alleiniger Geschäftsführer. Er und seine direkten Nachfahren wurden in der Folge bis heute die alleinigen Eigentümer bzw. Gesellschafter des Unternehmens und Geschäftsführer bzw. leitenden Mitarbeiter.

Der Erste Weltkrieg hatte Auswirkungen sowohl auf die Kevelaerer Wallfahrt als auch auf die Andachtsbildchen. Ein österreichischer (links) und ein deutscher (rechts) Soldat kreuzen ihre damaligen Fahnen. Handkolorierte Lithographie auf Papier, gedruckt bei Butzon & Bercker.

links:
Bernhard Bercker jr.

rechts:
Ella Bercker, geb. Kuth, Fotografie aus 1957.

Bernhard Bercker ehelichte 1901 Ella Kuth, die Tochter eines Papierhändlers in Köln (in der Breiten Straße). Im selben Jahr hatte er das Haus am Kapellenplatz 1 erworben

Hochzeit Bernhard Bercker und Ella Kuth 1901

und dort eine Buchhandlung eröffnet, die unter dem Namen Bernhard Bercker bis heute existiert. Jedoch wurde es in diesem Haus für die wachsende Familie bald zu eng. Bereits 1904 kaufte er ein Grundstück auf der Friedensstraße (Hausnummer 45). An dieser Stelle steht heute eine Seniorenresidenz, und davor befand sich hier eine Niederlassung der Vorsehungsschwestern. 1908 errichtete Bernhard Bercker dort ein Haus. 1905 kam Sohn Edmund zur Welt. Dieser sowie die übrigen Geschwister wuchsen hier auf, später auch die Kinder von Edmund.

Der jüngste Sohn von Bernhard Bercker, Franz (geb. 1922), erbte später das Haus und die Buchhandlung auf dem Kapellenplatz, die sich dann nicht zuletzt aufgrund der mütterlichen Herkunft auch um eine Papierhandlung erweiterte. Nach dem Tod von Bernhard Bercker im Jahr 1927 (siehe unten) führte seine Frau Ella die Buch- und Papierhandlung weiter. Nach 1945 stieg deren Sohn Franz Bercker in die Buchhandlung ein. Doch davor machte er in den Jahren zwischen dem Kriegsende 1945 und der Gründung der DDR 1949 eine Buchhandelslehre bei der katholischen Benno-Buchhandlung in Dresden. 1993 übernahmen Gabriele Bercker-Polders und ihr Ehemann Ludger Polders die Buchhandlung. 2021 wurde sie an deren Schwester Claudia Bercker-Pechhold übergeben. Beide sind Urenkelinnen von Bernhard Bercker, dem Gründer der Buchhandlung.

Für die weitere Unternehmensgeschichte ist Edmund Bercker von großer Bedeutung. Nach der Volksschule, wie damals die Grundschule genannt wurde, ging er zuerst in Geldern auf das Gymnasium. Doch bald schickte ihn der Vater auf das Internat in Sittard (Provinz Limburg, Niederlande) nahe der deutschen Grenze, das deutsche Jesuiten samt einem Gymnasium unterhielten. Diese Niederlassung wurde zu Kriegsende 1918 aufgelöst, und so ging Edmund in Kleve auf das Gymnasium.

Vater Bernhard Bercker erkrankte ernsthaft und wünschte sich, dass sein Sohn Edmund in die Firma einsteigt. Das hatte zur Folge, dass er das Gymnasium unterbrach und eine kaufmännische Lehre bei seinem Onkel Paul Kuth begann, dem Bruder seiner Mutter, der damals Bauunternehmer in Köln war. In dieser Zeit, Anfang der zwanziger Jahre (Höhepunkt November 1923),

Am 21. November 1923 erfolgte die Stabilisierung der Währung. Eine Billion der bisherigen Mark wurde eine neue Reichsmark.

Ansicht der Kevelaerer Hauptstraße bei deren Einmündung auf dem Kapellenplatz. Rechts sieht man die Basilika. Links an der Ecke befindet sich die 1901 gegründete Buchhandlung Bernhard Bercker („Niederlage von Butzon & Bercker") mit dem Päpstlichen Wappen („Verleger des heiligen Apostolischen Stuhls") zwischen zwei Fenstern des ersten Stocks. Dahinter erkennt man die Devotionalienhändler mit ihren Verkaufsbuden. Aufnahme um 1910.

Eine Aufnahme aus dem Jahr 1927. In der Mitte der ersten Reihe sitzen Bernhard Bercker jr. und neben ihm seine Frau Ella („Oma Ella"). Halbrechts hinter Bernhard Bercker steht sein Sohn, der adrett gekleidete junge Student Edmund Bercker. Ganz vorne am Boden sitzen der fünfjährige Franz Bercker, der jüngste Sohn von Bernhard Bercker, und ein Enkelkind. Auf diesem Foto befinden sich noch weitere 152 Betriebsangehörige. Man beachte, daß vorne links die Lehrlinge stehen, während die Frauen ganz hinten plaziert wurden. Bernhard Bercker ist noch im selben Jahr, in dem diese Aufnahme entstanden ist, verstorben.

erlebte er die Hyperinflation. Sein Onkel hatte einen Bauauftrag bei den Bayer-Werken in Leverkusen, und wegen der rasanten Geldentwertung mussten wöchentlich drei bis viermal Abschlagszahlungen eingefordert werden. Edmund musste persönlich nach Leverkusen fahren und mit einer großen Tasche die Geldscheine abholen, die bereits Millionen Reichsmark auswiesen. Anschließend musste er mit der Bahn wieder zurückfahren, um das Geld sofort bei der Bank einzuzahlen.

Die steigende Inflation dieser Zeit behinderte stark das Exportgeschäft. Um dem entgegenzuwirken, erwarb Butzon & Bercker die Hausen's Verlagsgesellschaft in Saarlouis, das sich im Saargebiert befindet, das wegen der dortigen Kohlevorkommen durch den Friedensvertrag von Versailles 1919 einen Sonderstatus bekam. Es unterstand dem Völkerbund (Vorläufer der UNO) und wurde Teil des französischen Zoll- und Währungsgebiets. D. h., die Währung dort war der französische Franc, der gegenüber der inflationären Mark stabil blieb. Dadurch war die Rechnungsstellung in Franc ein Vorteil für das Exportgeschäft. Das war auch ein Grund, warum Butzon & Bercker 1927 das offizielle Gesangs- und Gebetbuch der Diözese Metz herausbringen und drucken konnte. Dieses Bistum lag in Elsass-Lothringen, das 1919 an Frankreich abgetreten werden musste. 1935 wurde das Saargebiet wieder an das Deutsche Reich angegliedert. Ebenso errichtete man in Venlo (Niederlande) ein Auslieferungslager.

Ab 1923 nahm das Exportgeschäft von Butzon & Bercker in die USA einen beträchtlichen Umfang an, sodass Bernhard Bercker und sein Sohn Edmund mit dem Schiff nach New York reisten, um Kunden zu besuchen. Sie wurden von Franz Heinrich Bercker empfangen, einem jüngeren Bruder Bernhards, der seit einigen Jahren dort lebte. Edmund blieb noch einige Zeit in den USA, um u. a. sein Englisch zu vervollkommnen. 1925 kehrte er wieder zurück und begann an der neugegründeten Universität Köln das Studium der Betriebswirtschaft, nachdem er das Abitur nachgeholt hatte.

Ein Bekannter aus Goch, der ebenfalls in Köln studiert hat, brachte Edmund zur katholischen Studen-

Edmund Bercker rund fünfzig Jahre später auf einem Gemälde.

tenverbindung Asgard, die dem CV angehört und nach dem Zweiten Weltkrieg vorerst in Düsseldorf reaktiviert wurde. Dort war er ein Semester lang Senior, d. h. der Vorsitzende der Verbindung. Deren lateinische Wahlspruch lautet *Recte facienti nihil timendum*, was übersetzt heißt: *Der Rechtschaffende hat nichts zu fürchten*. Wenn man das weitere Leben von Edmund Bercker betrachtet, so blieb er in der Tat rechtschaffen und furchtlos.

DIE ZEIT NACH DEM ERSTEN WELTKRIEG

Nach dem Ersten Weltkrieg wurde das Verlagsprogramm auf dem nicht religiösem Gebiet weiter ausgeweitet, und zwar u. a. mit den Buchreihen „Münchener Jugendschriften“ und

der bereits erwähnten Reihe „Aus Vergangenheit und Gegenwart“, die dann 120 Bände umfasste und in der viele bekannte Autoren des 19. Jahrhunderts erschienen sind, wie Wilhelm Hauff, Jeremias Gotthelf, Gottfried Keller u. a. Der Verlagskatalog von 1928 umfasste rund 450 Titel. Damit erzielte der Verlag Marktanteile im nichtreligiösen Bereich. Um das zu unterstützen, verzichtete man hier auf die Werbung mit dem „Verlag des heiligen Apostolischen Stuhls“ bzw. dem Papstwappen. Daher wurde das Verlagslogo dahingehend geändert. Es kam 1925 zu einer stilisierten Form des Ankers und der beiden B, die im Grundmuster bis Anfang des 21. Jahrhunderts beibehalten wurde.

Diese Programmausrichtung war notwendig geworden, weil der Absatz der herkömmlichen Gebetbücher, die in ihrer Art vor 1914 dominierten, zurückging. Durch die Inflation wurden auch viele Kunden zahlungsunfähig. Nach der Währungsumstellung Ende 1923 erholte sich die Wirtschaft, bis zwischen 1929 und 1931 eine Wirtschaftskrise einsetzte, wodurch die Arbeitslosenzahl stark anstieg und die Kaufkraft zurückging. Die Umsätze sanken um ca. 20 Prozent und erreichten erst 1935/36 das Niveau von 1928, um sich dann bis 1939 um ca. 15 Prozent zu steigern. In den Folgejahren sanken die Umsätze wieder wegen des

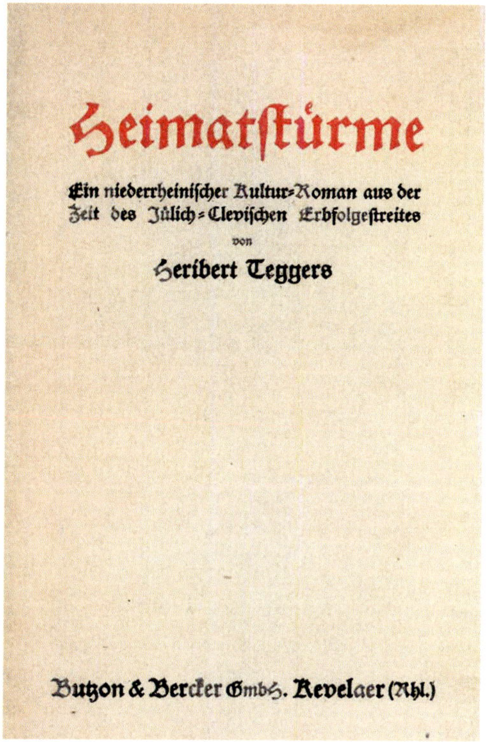

Heimatstürme

Ein niederrheinischer Kultur-Roman aus der Zeit des Jülich-Clevischen Erbfolgestreites

von

Heribert Teggers

Butzon & Bercker GmbH. Kevelaer (Rhl.)

Dieses Buch ist 1924 erschienen und behandelt in Romanform den Jülich-Klevischen Erbfolgestreit von 1609 bis 1614. Die Typographie dieses Buches ist charakteristisch für die zwanziger Jahre.

Das Firmenlogo in der Fassung des Jahres 1925.

Krieges und der politischen Verhältnisse in Deutschland.

1927 ereilte Edmund Bercker die unerwartete Nachricht: Sein Vater Bernhard war plötzlich an einem Gehirnschlag im Alter von 52 Jahren verstorben. Edmund musste sein Studium abbrechen und nach Kevelaer zurückkehren. Im Übrigen ereignete sich 1888 bei der Freiburger Verlegerfamilie Herder am Oberrhein ein ähnliches Schicksal: Hermann Herder sen. musste wegen der Krankheit bzw. des Todes seines Vaters ebenfalls früh in den Verlag eintreten und sein Studium abbrechen.

Edmund Bercker fand in Kevelaer keine einfache Situation vor, weil die Familie Bercker nicht mehr die einzige Gesellschafterin der Firma war. Er musste nun mit 22 Jahren ins „kalte Wasser" springen und in das „Buchhandwerk" (Verlag und Druckerei) einsteigen. Der bisherige Prokurist Bernhard Pier wurde übergangsweise Geschäftsführer. In dieser Zeit wurde die Firma von einer Gesellschaft mit beschränkter Haftung (GmbH) in eine Aktiengesellschaft

Diese Xylographie, ein gedruckter Holzschnitt, aus dem Jahr 1923 zierte den Briefkopf der Firma.

Diese Aufnahme aus dem Jahr 1925 zeigt ein Großraumbüro, wobei man nicht erkennen kann, was die Mitarbeiter gerade bearbeiten (Buchhaltung, Rechnungen für die Auslieferung erstellen, Kalkulation für die Druckerei usw.). Auffällig ist, dass nur zwei an einer Schreibmaschine sitzen und dass alle Männer Krawatte tragen. Dieses Kleidungsstück ist inzwischen bei Butzon & Bercker nahezu verschwunden …

(AG) umgewandelt, um durch Aktionäre leichter Kapital zuführen zu können. Nach 1945 wurde die AG wieder in eine GmbH rückgewandelt. Edmund Bercker machte hingegen zwischenzeitlich eine Ausbildung beim Verlag bzw. bei der Druckerei Kösel in Kempten im Allgäu, von der er 1930 zurückkehrte. Dort lernte er Hildegard Huber kennen, eine Tochter der Gesellschafterfamilie, die er dann 1934 ehelichte. Kempten im Allgäu und Kempen am Niederrhein werden oft verwechselt. Beide Namen gehen übrigens auf das lateinische *campus* (Feld) zurück. Das trifft auch auf die am Niederrhein häufig vorkommenden Familiennamen Kamps, Kempkes usw. zu.

DIE SCHWIERIGEN JAHRE VON 1933 BIS 1945

Edmund Bercker kehrte 1930 wieder nach Kevelaer zurück und übernahm die Geschäftsführung sowie die Verlagsleitung. Während die Jahre nach der Inflation, also die „goldenen zwanziger Jahre“ nach 1923, von einer wirtschaftlichen Erholung, ja einem Aufschwung geprägt waren, machte sich ab 1929 eine internationale Wirtschaftskrise bemerkbar, die auch den Export beeinträchtigte. Das wirkte sich negativ auf den Absatz von Gebetbüchern aus. Um dem entgegenzuwirken, wurde die Herausgabe von nicht religiösen Titeln verstärkt. In diese Strategie gehörte auch die Gründung des Staufen-Verlags in Köln, der ein allgemeines Programm herausgab. Das Label Butzon & Bercker war inzwischen so stark mit dem religiösen Bereich verbunden, dass dort nichtreligiöse Themen kaum Beachtung fanden. Dieser Staufen-Verlag produzierte noch bis in die erste Zeit des Zweiten Weltkrieges hinein.

Dieser Titel des Staufen-Verlags erschien noch 1941.

Ab 1932 wurden für die Vertreter Autos angeschafft, mit denen sie Ansichtsexemplare sowie Devotionalien mitnehmen und den Kunden zeigen bzw. anbieten konnten. Sie ersetzten die bis dahin üblichen Handkoffer der mit öffentlichen Verkehrsmitteln reisenden Außendienstmitarbeiter. (Für Butzon & Bercker war in den Jahren vor und nach 2000 eine Vertreterin in der Schweiz unterwegs, die ebenfalls mit dem öffentlichen Verkehr und dem Koffer reiste. Das wurde als seltsam empfunden, obwohl die Schweiz einen vergleichsweise sehr gut ausgebauten und vor allem pünktlichen öffentlichen Verkehr [Bahn, Postbus] besitzt, mit dem man praktisch überall hinkommt.)

Ende Januar 1933 übernahmen Adolf Hitler und die Nationalsozialisten die Macht in Deutschland.

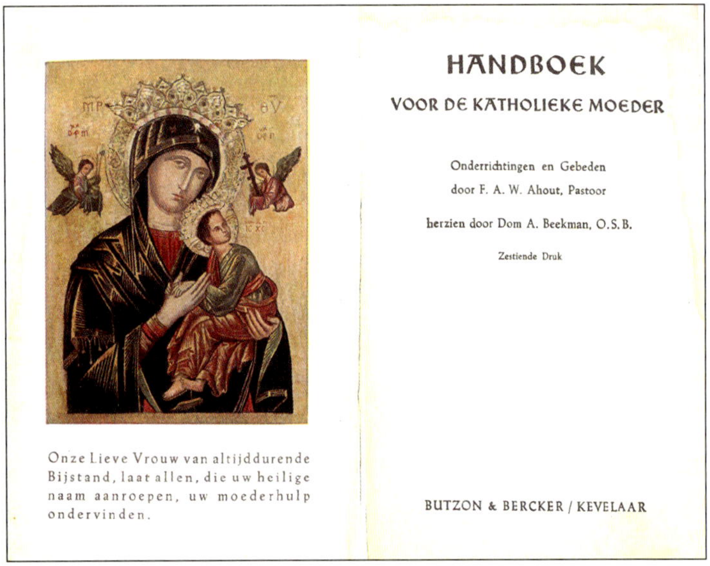
Onze Lieve Vrouw van altijddurende Bijstand, laat allen, die uw heilige naam aanroepen, uw moederhulp ondervinden.

HANDBOEK
VOOR DE KATHOLIEKE MOEDER

Onderrichtingen en Gebeden
door F. A. W. Ahout, Pastoor
herzien door Dom A. Beekman, O.S.B.
Zestiende Druk

BUTZON & BERCKER / KEVELAAR

Der niederländische Sprachraum (Niederlande und Belgien) war für Butzon & Brecker ein wichtiger Markt. Dieses „Handbuch für katholische Mütter“ erschien erstmals Anfang der dreißiger Jahre, die sechzehnte Auflage 1956.

Am 12. März 1933, eine Woche nach den Reichstagswahlen, bei denen die Regierung Hitler bestätigt wurde, fanden Kommunalwahlen in Preußen und damit auch in Kevelaer statt. Die katholische Zentrumspartei (Vorgängerin der CDU) erhielt 35,51 Prozent, die NSDAP 33,35 Prozent und die Liste Mittelstand und Landwirtschaft, eine bürgerliche und der Zentrumspartei nahestehende Gruppierung, 25,54 Prozent. Weit abgeschlagen waren die SPD (3,35 Prozent) und die KPD (2,25 Prozent). Edmund Bercker stand an siebenter Stelle der Mittelstandsliste. Da diese nur fünf Mandate erhielt, zog er nicht in den Gemeinderat ein. Jedenfalls erreichten das Zentrum und die Mittelstandsliste zusammen immerhin 61 Prozent. Das war ein deutlicher Abstand zur NSDAP. Das katholische Rheinland blieb gegenüber dem Nationalsozialismus resistenter.

Aber bald folgte die „Gleichschaltung“. Im Zuge derer wurden am 11. April 1933 in der Gemeindevertretung Straßenumbenennungen beschlossen. So hieß z. B. der heutige Peter-Plümpe-Platz (damals Marktplatz) nunmehr Adolf-Hitler-Platz und die Bahnstraße vom Bahnübergang bis zur Ecke von „Alt Derp“ Hermann-Göring-Straße. Die Familie Bercker war von diesen Umbenennungen auch betroffen, denn die Friedensstraße, wo sie wohnte, wurde in Albert-Leo-Schlageter-Straße umbenannt. Schlageter sprengte während des sog. Ruhrkampfs im Frühjahr 1923 eine Eisenbahnbrücke zwischen Düsseldorf und Duisburg und wurde dafür von den Franzosen, die dieses Gebiet besetzt hatten, zum Tode verurteilt sowie hingerichtet. Er wurde später von den Nazis, obwohl er keiner war, zu einer Vorgän-

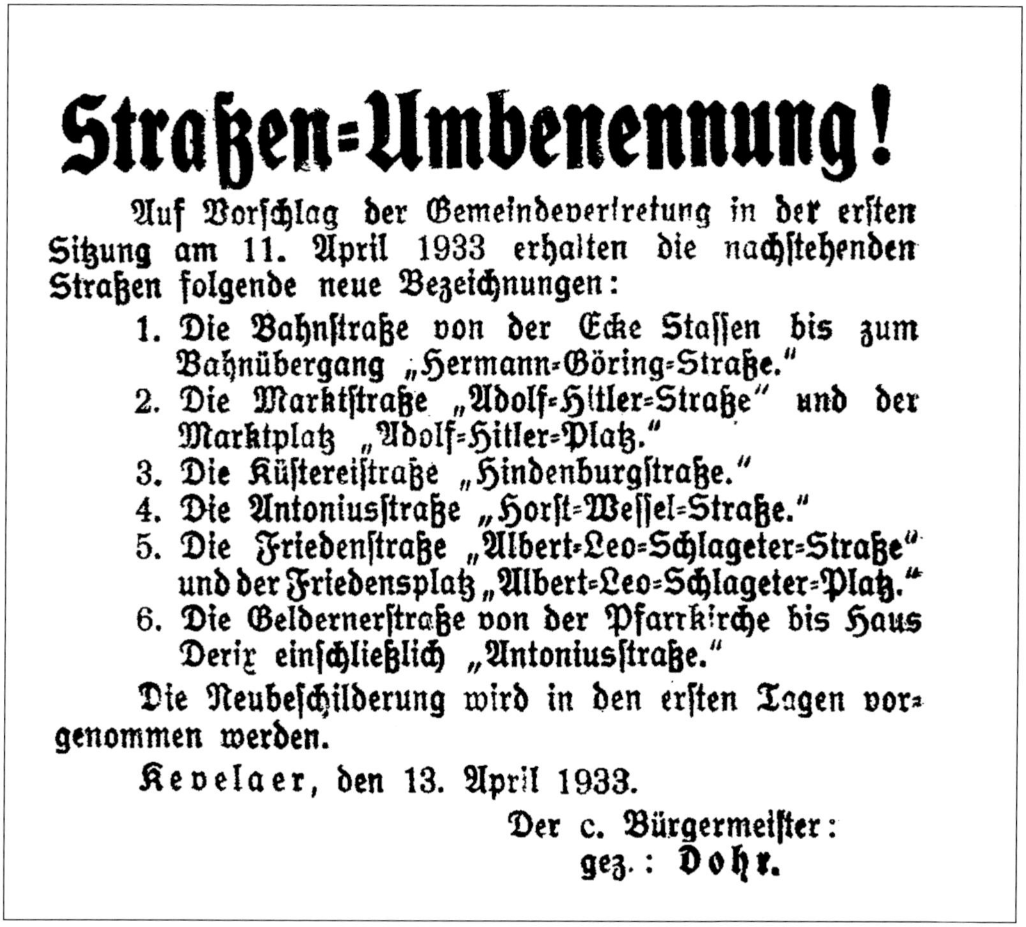

Straßen-Umbenennung!

Auf Vorschlag der Gemeindevertretung in der ersten Sitzung am 11. April 1933 erhalten die nachstehenden Straßen folgende neue Bezeichnungen:

1. Die Bahnstraße von der Ecke Stassen bis zum Bahnübergang „Hermann-Göring-Straße."
2. Die Marktstraße „Adolf-Hitler-Straße" und der Marktplatz „Adolf-Hitler-Platz."
3. Die Küstereistraße „Hindenburgstraße."
4. Die Antoniusstraße „Horst-Wessel-Straße."
5. Die Friedenstraße „Albert-Leo-Schlageter-Straße" und der Friedensplatz „Albert-Leo-Schlageter-Platz."
6. Die Geldernerstraße von der Pfarrkirche bis Haus Derix einschließlich „Antoniusstraße."

Die Neubeschilderung wird in den ersten Tagen vorgenommen werden.

Kevelaer, den 13. April 1933.

Der c. Bürgermeister:
gez.: Dohr.

Aus dem „Kevelaerer Volksblatt" vom 15. April 1933. Die nunmehrige Busmanstraße hieß damals Küstereistraße. Die Familie Bercker wohnte anstatt in der Friedensstraße nunmehr in der Albert-Leo-Schlageter-Straße.

ger-Ikone hochstilisiert. Er war aber gläubiger Katholik.

Was nun die nationalsozialistische Machtübernahme für einen religiösen bzw. katholischen Verlag bedeutete, beschrieb Edmund Bercker in seinen handschriftlichen Erinnerungen: „Im Verlag Butzon & Bercker traten infolge der religionsfeindlichen Regierung immer mehr Schwierigkeiten auf bis zur ersatzlosen Beschlagnahmung von Büchern und Schriften." Das gesamte Schrifttum des Dritten Reiches stand unter der Zensur der Reichsschrifttumskammer.

Auch der nationalsozialistische Kirchenkampf verstärkte sich. Und so wurde am 21. März 1937, am Palmsonntag, die Enzyklika „Mit brennender Sorge" von Papst Pius XI. (der fünfte Papst in der Geschichte des Unternehmens) im Deutschen Reich von 11.500 Kanzeln verlesen.

Die Vorbereitung dazu blieb der Gestapo verborgen, ebenso der Druck von 300.000 Exemplaren. Die daran beteiligten dreizehn katholischen Druckereien wurden hierauf geschlossen, zwölf davon enteignet. Butzon & Bercker war daran – rückblickend muss man sagen Gott sei Dank – nicht involviert.

Das Unternehmen hatte das Glück, in privatem Eigentum zu stehen. Denn die meisten Verlage und Druckereien, die direkt im Besitz der Kirche (Bistümer, Orden) oder katholischer Vereine, insbesondere katholischer Pressvereine, standen, wurden in der Folge meistens beschlagnahmt bzw. aufgelöst, zuerst im Deutschen Reich und dann ab 1938 auch im angeschlossenen Österreich. Das betraf auch deren Zeitschriften und Organe. Dadurch war dem Verlag Butzon & Bercker eine wichtige Werbeplattform entzogen. So berichtete Edmund Bercker auf einer Gesellschafterversammlung im Dezember 1937, dass nur noch rund 50 solcher Organe existieren, früher waren es rund 350.

1935/36 erreichten die Beschlagnahmungen bei Butzon & Bercker einen Höhepunkt, so dass man beschloss, noch vorsichtiger bei der Herausgabe religiöser Werke zu agieren. Während vor 1933 pro Jahr 80 bis 100 Titel erschienen sind, wurde 1943 nur mehr einer herausgebracht. Von Edmund Bercker wurde nach 1945 eine Liste der beschlagnahmten Bücher zusammengestellt, die nicht vollständig ist. Diese umfasst ca. 150.000 Exemplare, darunter u. a. auch das

Buch von Johannes Dahl „Kirchengeschichtliche Irrtümer im Mythus des 20. Jahrhunderts“. Das war eine Auseinandersetzung mit dem Buch „Der Mythus [sic!] des 20. Jahrhunderts“ von Alfred Rosenberg, einem Chefideologe der NSDAP. Diese

Broschüre versuchte, einige Irrtümer dieses „Mythus“ zu widerlegen, wobei diese nicht Programmpunkte der NSDAP betrafen. So ging es z. B. um die Frage, ob Jesus Arier war, und die Feststellung, dass die seinerzeitigen Verfahren zur Hexenverbrennung nicht von der Kirche, sondern vom Staat durchgeführt wurden.

Als 1938 auch der Verlag der Dominikaner eingestellt werden musste, sprang Edmund Bercker ein und gründete in Köln den Albertus Magnus Verlag. Er wurde inoffiziell als Verlag der Dominikaner weitergeführt und nach 1945 diesen wieder zurückgegeben. Zu diesem Orden hatte man Kontakt, weil bei Butzon & Bercker in der Zwischenkriegszeit in Koproduktion mit dem Verlag Styria Graz die mehrbändige deutsch-lateinische Ausgabe der Werke des Dominikaners Thomas von Aquin herausgegeben wurde, des bedeutendsten Theologen des Hochmittelalters.

Zwischenzeitlich begann sich beim Ehepaar Edmund und Hildegard Bercker Nachwuchs einzustellen. 1935 und 1936 wurden die Söhne Klaus und Edmund Maximilian geboren. 1939 folgten der Sohn Dieter und 1941 die Tochter Ursula. Klaus und Edmund Maximilian stiegen nach 1945 in das Unternehmen ein.

1935 wurde das Firmenlogo dem Stil der damaligen Zeit angepasst. Leicht modifiziert wurde es auch nach 1945 in dieser Form beibehalten.

Die Nazizeit und der Krieg haben die unternehmerische Tätigkeit der Firma stark beeinträchtigt. Ein religiös ausgerichteter Verlag hatte es, wie bereits erwähnt, durch die rigiden Zensurmaßnahmen im Dritten Reich von vornherein sehr schwer, und der Krieg behinderte vor allem in den späteren Jahren den Druckbetrieb. Unabhängig von den Schikanen, denen der Verlag ausgesetzt war, wurde das Papier zunehmend Mangelware, so dass der Druck von Büchern, auch

Fremdaufträge, immer schwieriger wurde.

Der Umsatz war von 1938 auf 1942 um 30 Prozent zurückgegangen. Ebenso machte es dem Unternehmen zu schaffen, dass zahlreiche Arbeitskräfte zur Deutschen Wehrmacht eingezogen wurden. Diesbezüglich gab es 1942 eine Erleichterung. Offenbar waren die Druckaufträge für Behörden inzwischen so stark angewachsen, dass das Unternehmen unter den Schutz des Generalbevollmächtigten für den Arbeitseinsatz gestellt wurde. Somit wurde der Betrieb quasi „wehrpflichtig".

Der Zweite Weltkrieg forderte seinen Tribut. Edmund Bercker wurde 1941 kurz vor der Geburt seiner Tochter Ursula zur Deutschen Wehrmacht eingezogen. Die Familie, d. h. Hildegard Bercker und die Kinder, zogen in der Folge zu ihren Verwandten nach Kempten. Das Allgäu war zum einen sicherer vor Luftangriffen („Reichsluftschutzkeller"), zum anderen blieb dieses Gebiet 1945 im Gegensatz zum Niederrhein weitgehend von Kämpfen verschont. Edmund Bercker hingegen wurde im August 1944 in der Nähe von Paris im Zuge von dessen Befreiung durch einen Granatsplitter an der linken Hand verwundet. Er kam zur Genesung zu seiner Familie nach Kempten, um dann von dort nach Kevelaer zurückzukehren.

Ende Februar 1945 kam schließlich der Krieg auch an den Niederrhein. Von hier aus versuchten britische Truppen und jene des British Empire (Kanada und Neuseeland), den Rhein zu überqueren. Es kam zu schweren Kämpfen zwischen diesen und der Deutschen Wehrmacht („Schlacht von Kervenheim"). Britische Luftaufnahmen zeigen den großen Zerstörungsgrad von Geldern, Goch und Kleve. Hingegen konnte Kevelaer von Glück reden, dass es diese Kämpfe relativ moderat überstanden hat. D. h., die Firmengebäude von Butzon & Bercker im Geviert Neustraße, Venloer Straße, Johannesstraße und Busmannstraße sind bei diesem Kriegsgeschehen mehr oder minder glimpflich davongekommen.

Der Neuanfang nach 1945

Man kann sich in der heutigen Wohlstandsgesellschaft kaum noch vorstellen, was es 1945 und in den Jahren danach bedeutet hat, ein Unternehmen wie das von Butzon & Bercker wieder in Gang zu bringen. Abgesehen von Kriegsschäden mangelte es vor allem an Papier. Das behinderte den Geschäftsbetrieb enorm. Denn dadurch konnten nur geringe Mengen von Büchern gedruckt werden. Erst 1948 erhielt das Unternehmen von der britischen Besatzungsmacht die Verlagslizenz. Sie wurde übrigens an Ella Bercker, der Mutter von Edmund Bercker, ausgestellt, die ja noch Gesellschafterin war.

Inzwischen war 1947 der Rest der Familie aus Kempten nach Kevelaer zurückgekehrt, wo Edmund Bercker zwischenzeitlich versucht hat, die Firma wieder aufzubauen. Allerdings war deren Privathaus in der Friedensstraße kriegsbeschädigt und von der britischen Besatzungsmacht beschlagnahmt worden, so dass die Familie zuerst in einem oberen Stockwerk eines Gebäudes auf dem Firmengelände und dann in dem der Firma gehörenden Haus Neustraße 13 – sie hieß damals eine Zeitlang Stalenusstraße – wohnen musste. Das ist auf dem Panoramafoto auf dem Vorsatz (ganz am Anfang dieses Buches) das weiße Haus mit dem Erker. Auf den firmengeländigen Seiten der Neustraße und Venloer Straße gehörten einige Liegenschaften dem Unternehmen, wo auch Mitarbeiter wohnen konnten. An deren Stelle befinden sich heute Trakte der Luxemburger Galerie.

Lizenz

für das Buchverlagswesen

gemäß Verordnung 106 der Militär-Regierung

Land Nordrhein-Westfalen Nr. xxxxxx NW 101

Name: B e r c k e r Vorname: Ella

geboren am: 31.1.1882 in: K ö l n

wohnhaft in: K e v e l a e r Straße: Kapellenplatz 1 Kreis: Geldern

ist berechtigt, innerhalb des Landes Nordrhein-Westfalen

der britischen Zone Deutschlands einen Buchverlag zu führen.

Name des Unternehmens: Verlag Butzon und Bercker GmbH.

Ständiger Sitz des Unternehmens: K e v e l a e r

Diese Lizenz ist nicht übertragbar. Sie ist widerruflich, insbesondere dann, wenn der Lizenzträger gegen die umseitig wiedergegebenen Pflichten verstößt, zu deren Innehaltung er sich verpflichtet hat. Sie erlischt, wenn der Lizenzträger aus dem obengenannten Unternehmen ausscheidet.

Hamburg, den 28 Oct 48 — Düsseldorf, den 15. 9. 1948.

Siegel und Unterschrift des PR-ISC Regional Officers — Siegel und Unterschrift des Kultusministers

Diese Lizenz erhielt Ella Bercker, Witwe nach Bernhard Bercker und Mutter von Edmund Bercker sen. Nachdem das Haus auf der Friedensstraße beschädigt und von den Briten besetzt war, wohnte sie wieder in dem Haus Kapellenplatz 1.

Als die Engländer das Haus auf der Friedensstraße wieder verließen, beschloss die Familie, diesen Standort aufzugeben, und errichtete zwischen 1955 und 1957 auf dem Firmengelände an der Adresse Johannesstraße 14 ein neues Privathaus, passend für eine sechsköpfige Familie. Nach dem Tod von Hildegard Bercker im Jahr 1998 wurde das Haus veräußert.

Gleich nach dem Erhalt der Verlagslizenz im Jahr 1948 begann Edmund Bercker, das Verlagsprogramm wieder neu aufzubauen. Mithilfe von Josef Heckens, dem späteren Verlagsleiter, entwickelte er die Reihe „Berckers Kleine Volksbibliothek". Diese bestand aus 32-seitigen kleinen Broschüren zu den verschiedensten Themen mit einem niedrigen Ladenpreis, die eine Gesamtauflage von über einer Million Exemplaren erreichte. Das war damals nach dem Krieg der Versuch, drucktechnisch unkompliziert, billig und überschaubar Literatur und Informationen für breite Kreise zu produzieren.

Bereits im Herbst des Jahres 1949 nahm Butzon & Bercker erstmals an der Buchmesse, nunmehr in Frankfurt, teil. Eine solche gab es schon vor dem Krieg in Leipzig. Doch dieser Standort war in der bisherigen Form durch die sich abzeichnende deutsche Teilung nicht mehr aufrechtzuerhalten. Und so kam es 1949 zur Trennung der Buchmessen in Frankfurt/Main für Westdeutschland und Leipzig für Ostdeutschland. Und seit diesem ersten Mal nahm bzw. nimmt Butzon & Bercker immer an der Frankfurter Buchmesse teil – mit Ausnahme des Pandemiejahres 2020.

Die Revolution im Druckbereich

In den Jahrzehnten nach dem Zweiten Weltkrieg hat sich die Satz- und Drucktechnik revolutioniert. Man erinnere sich: Anfänglich hat man mit der Hand gesetzt, daraufhin entstanden die Linotype-Setzmaschinen, mit denen ein Zeilensatz möglich war. Dann wurden zuerst größere Blöcke gesetzt, von denen anschließend die Korrekturfahnen auf billigem Papier abgezogen wurden. Diese erhielten sowohl der Verlag (Lektorat) als auch der Autor. Sie hießen deswegen „Fahnen", weil sie das vorgesehene Seitenformat in der Länge bzw. Höhe überstiegen und daher wie kleine Fahnen aussahen. Auf diesen konnte man sehen (und auf der Rückseite auch spüren), wie die Lettern eingedruckt waren.

Nachdem Autor und Lektor auf diesen Fahnen ihre Korrekturen eingetragen hatten, hat der Setzer diese umgesetzt. Dabei musste jede Zeile, bei der eine Korrektur angezeigt war, neu gesetzt werden. Danach wurde der Seitenumbruch aufgrund des vom Verlag vorgegebenen Formats gemacht. Es entstanden somit die endgültigen Seiten. Bei diesem Prozess konnten typographische Ungereimtheiten entstehen: So etwa ein „Schusterjunge", wenn mit der letzten Zeile einer Seite ein neuer Absatz beginnt, oder ein „Hurenkind", wenn mit der ersten Zeile einer Seite ein Absatz endet.

Beide sehen typographisch nicht gut aus und müssen daher vermieden oder „eingebracht" werden, wie es satztechnisch heißt. In solchen Fällen musste der Text je nachdem verlängert oder gekürzt werden, damit diese „Schusterjungen" und „Hurenkinder" verschwinden. Das war nicht immer einfach und führte zwischen Autor und Lektor nicht selten zu Unstimmigkeiten. Zusätzlich wurde der Satzumbruch neuerlich Korrektur gelesen, so dass für den Setzer wiederum Arbeit entstanden ist. Diese

Blick in die Druckerei in den Jahren nach 1945.

vergrößerte sich, wenn Abbildungen u. ä. eingebaut werden mussten.

Der Prozess der Entstehung eines Buches nahm also im Vergleich zu heute erhebliche Zeit in Anspruch. Das begann schon beim Autor. Ursprünglich hatte dieser sein Manuskript mit der Hand geschrieben, was dieses aus dem Lateinischen kommende Wort eigentlich bedeutet (*manus* = Hand, *scribere* = schreiben). Um 1900 kamen die Schreibmaschinen in Gebrauch, mit denen man einen Text abtippen konnte.

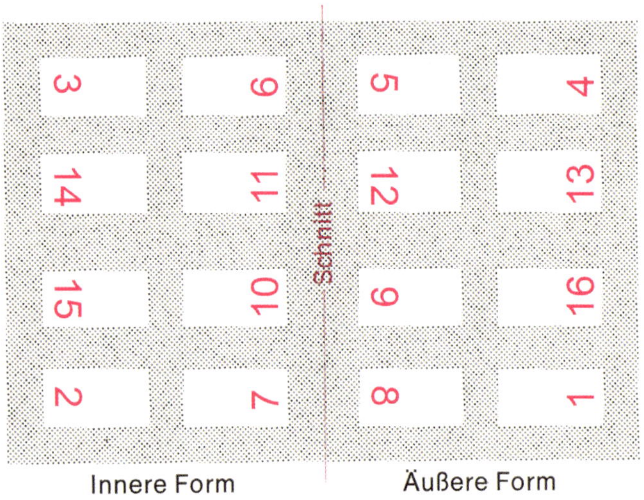

Hier wird die Seitenfolge eines Druckbogens auf der Vorderseite (Äußere Form) und der Rückseite (Innere Form) angezeigt. Man erkennt, dass auf der Rückseite der Seite 1 die Seite 2 steht.

Aus dem Manuskript wurde nun ein Typoskript. Mit einem solchen hatten es Lektoren und Setzer schon leichter. Trotzdem musste das korrigierte Manu- bzw. Typoskript vom Setzer nochmals mit der Linotype-Setzmaschine abgetippt werden. Unter diesen Umständen hatte der Autor sein Manuskript mindestens ein halbes Jahr vor Erscheinen, wenn nicht sogar eher, beim Verlag abzuliefern.

Wenn der Seitenumbruch fertig war, mussten die einzelnen Seiten so sortiert bzw. gereiht werden, dass sie in Bögen gedruckt werden konnten. Ein Bogen umfasst in der Regel 16 Seiten, die beidseitig bedruckt werden. Um bei einem Buch eine durchgehende Seitenfolge zu erzeugen, mussten die Bögen entsprechend gedruckt und gefaltet (gefalzt) werden. Dazu musste man genau berechnen, wie die einzelnen Seiten anzuordnen sind.

Die 16 Seiten eines Bogens wurden auf zwei Teile zu je acht Seiten aufgeteilt. Acht Seiten wurden auf die Vorderseite eines Bogens gedruckt, die zweiten acht auf die Rückseite. Es darf dabei nach der Seite 1 nicht die Seite 2 kommen, denn diese muss ja auf die Rückseite der Seite 1 gedruckt werden. Darüber hinaus muss man auch den Falzprozess berücksichtigen.

Wenn nun diese achtseitigen Blöcke gesetzt sind und vorliegen, wurde auf diese eine Art Matrix aus Kunststoff gepresst, in die die Lettern eingedrückt waren. Über diese

Drucksaal Ende der sechziger Jahre.

wurde dann flüssiges Blei gegossen, wodurch die einzelnen Druckplatten für den Bogendruck entstanden sind. Nach dem Druckvorgang wurden die Platten entweder für gegebenenfalls weitere Nachdrucke aufbewahrt oder wieder eingeschmolzen.

Eine erhebliche Erleichterung und Kostenreduzierung war die Erfindung des Offsetdruckes um 1900. Dieser setzte sich dann nach 1945 durch. Zusätzlich entstand in den sechziger Jahren der Fotosatz, der den aufwendigen Bleisatz ablöste. Nunmehr wird der Satz vollständig digital erstellt. Er ist im Vergleich zu früher nicht nur einfacher, sondern auch wesentlich kostengünstiger. Denn die Autoren eines Buches oder die Redakteure einer Zeitung sind jetzt praktisch ihre eigenen Setzer. Heute im Verlag Tätige können sich kaum noch vorstellen, wie das früher abgelaufen ist.

All diesen technischen Entwicklungen konnte sich auch die Druckerei von Butzon & Bercker natürlich nicht entziehen. So wurde 1965 nach der Aufstellung von lochbandgesteuerten Satzautomaten auch eine großformatige Offsetdruckanlage installiert. 1970 wurde eine Klebebindeanlage angeschafft. Damit war die Druckerei Bercker eine der ersten Buchproduktionsbetriebe in Deutschland mit einer solchen Anlage. Es folgte dann eine vollautomatische Buchfertigungsanlage. 1972 wurde eine elektronisch gesteuerte Fotosetzmaschine erworben.

Aus Anlass „Hundert Jahre Butzon & Bercker" erschien 1970 eine Festschrift, die sich hauptsächlich der Druckerei bzw. dem Graphischen Betrieb, wie diese dann später hieß, widmete. Möglicherweise diente sie auch als Werbeschrift für Druckkunden. Sie zeigt einen für die damalige Zeit hochmodernen Druckbetrieb, der den Vergleich mit anderen, vor allem im katholischen Bereich, nicht zu scheuen brauchte. Er war inzwischen ein wichtiger Faktor im Unternehmen geworden, der seine Auslastung seit Ende der fünfziger Jahre weniger durch den Druck der eigenen Verlagsprodukte erreicht hat, sondern vielmehr durch die sog. Akzidenz, d. h. durch Fremdkunden. Dadurch findet sich in vielen Büchern anderer Verlage im Impressum der Hinweis auf die Druckerei Bercker in Kevelaer. Die ersten bedeutenden Verlage, die bei Bercker drucken ließen, waren Kiepenheuer & Witsch (KiWi) Köln, der Hausverlag von Heinrich Böll, und der Econ Verlag Düsseldorf.

Die vierte Generation

In diesen Jahren rückte die vierte Generation in das Unternehmen nach: die beiden älteren Söhne Klaus und Edmund Maximilian von Edmund Bercker. Klaus absolvierte nach der Schule eine Ausbildung (Lehre) bei der Druckerei Kösel in Kempten im Allgäu und dann bei der Druckerei des Walter Verlags in Olten (Schweiz), wo er als Kalkulator in der Herstellung tätig war. 1954/55 war er beim Zeitungsverlag des „Irish Independent“ in Dublin. Ab 1. April 1956 war er zunächst bei Butzon & Bercker im Devotionalienvertrieb eingesetzt und reiste mit einem VW Käfer (einem sog. „Brezel-Käfer“), der vollbepackt mit Mustern war, durch ganz Deutschland.

Offsetpresse, eine der modernsten Maschinen dieser Zeit (Ende der sechziger Jahre).

Edmund Maximilian studierte nach seinem Abitur an der Philosophischen Fakultät der Universität

Die Geschäftsleitung im Jahr 1970 von links nach rechts: Dr. Edmund Maximilian Bercker, Dr. Hans Schickling, Edmund Bercker, Josef Nolden und Klaus Bercker.

Tübingen Philosophie und Geschichte, aber auch Theologie, und wurde dort 1967 zum Dr. phil. promoviert. Bereits 1966 nahm er eine Tätigkeit im Unternehmen auf. Dadurch kam es zwischen den beiden Brüdern zu einer Arbeitsteilung. Klaus konzentrierte sich nun auf die Druckerei, diesen Beruf hatte er ja erlernt, Edmund Maximilian widmete sich den übrigen Bereichen, insbesondere dem Verlag. 1970 wurden die beiden Brüder zusätzlich zu ihrem Vater Geschäftsführer der Butzon & Bercker GmbH.

1975 wurden die Setzerei, der Druck und die Bindung in einer eigenen Bercker Graphischer Betrieb GmbH ausgegliedert. Nach dem endgültigen Ausscheiden von Edmund Bercker als Geschäftsführer und Gesellschafter im Jahr 1983, der dann 1988 verstorben ist, wurden die beiden Brüder Klaus und Edmund Maximilian zu gleichen Teilen Ge-

Klebebindeanlage.

sellschafter und gleichberechtigte Geschäftsführer der Butzon & Bercker GmbH, deren 100prozentige Tochter wiederum die Bercker Graphischer Betrieb GmbH war.

Dieser hat sich ab 1980 nach seinem Umzug von der Innenstadt an den neuen Standort am Hoogeweg (davon noch später S. 69f.) unter der operativen Leitung von Klaus Bercker zu einem veritablen Unternehmen entwickelt, das in der deutschen Druckindustrie in den vorderen Reihen mitspielte. Bedeutende Sachbuch- und Literaturverlage waren seine Kunden, und die Bücher prominenter Autoren wurden bei Bercker gedruckt. Das war einer erfolgreichen Kunden-Akquise und -Betreuung durch Klaus Bercker geschuldet.

Einer der prominenten Autoren, die bei Bercker gedruckt wurden, war Heinrich Böll. Hier mit Klaus Bercker.

Die Entwicklung des Buchverlags nach dem Krieg

Nach dem Zweiten Weltkrieg war der deutschsprachige Buchmarkt, darunter insbesondere der religiöse, einem Wandel unterworfen, der auch vor Butzon & Bercker nicht haltgemacht hat, wie wir später noch sehen werden. Zunächst konnte sich die vor dem Krieg bestandene Buchhandels- und Verlagslandschaft nach 1945 erholen, sieht man von den Folgen der Kriegszerstörungen und der Papierknappheit ab. Die Verlage entwickelten ihre Programme weiter und waren von den Beschränkungen durch das NS-Regime endlich befreit. Allerdings übten auch die westlichen Alliierten anfänglich eine Kontrolle über das Buch- und Zeitungsverlagswesen aus, die aber nach Gründung der Bundesrepublik im Jahr 1949 deutlich in den Hintergrund trat.

Man kann daher rückblickend feststellen, dass das religiöse Buchgeschäft in den ersten rund 25 Jahren

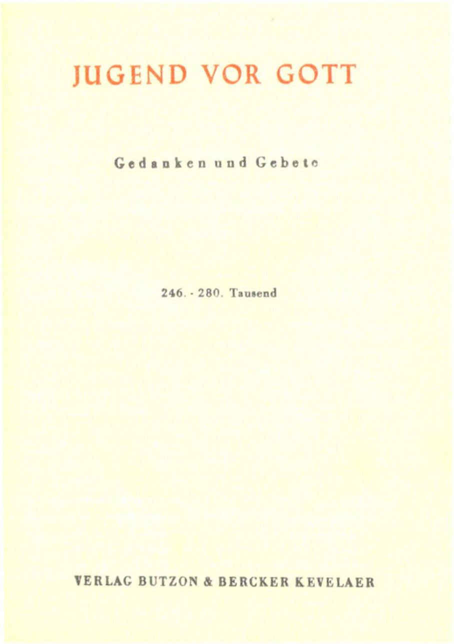

Links die Titelei der Ausgabe „Jugend vor Gott“ aus dem Jahr 1958. Bereits nach zwei Jahren waren 280.000 Exemplare gedruckt. Rechts die Ausgabe mit dem geänderten Titel „Jugend mit Gott“ aus dem Jahr 1972. Das Cover ganz im Stil der damaligen Zeit.

nach dem Krieg zu einer gewissen Blüte gelangt ist. Es gab nach 1945 eine Phase des geistigen Nachholbedarfs, und das kulturkatholische bzw. -protestantische Milieu war dominant. Auch setzte in der Bundesrepublik sowie in Österreich das sog. Wirtschaftswunder ein. Fazit: Den Verlagen und Buchhandlungen ging es in dieser Zeit des Aufschwungs nicht schlecht. Das traf auch auf Butzon & Bercker zu.

Der Verlag setzte nach 1945 seine bisherige Programmlinie fort, wobei natürlich Anpassungen vorgenommen wurden. Konkret hieß das: Man konzentrierte sich auf das religiöse Programm im weitesten Sinne und verlegte im Gegensatz zu früher keine literarischen Titel mehr, denn in diesem Bereich war die Konkurrenz inzwischen zu groß geworden. Im religiösen Programm von Butzon & Bercker gab es eine große Breite. Schwerpunkt war sicherlich der spirituelle Bereich und innerhalb diesem die Gebetsliteratur, die besonders im Rahmen der Wallfahrt gebraucht wurde. Aber man bediente als Zielgruppe zunehmend auch die Kinder und die Jugend.

Hier ist vor allem der Best- und Longseller „Jugend vor Gott“ bzw. dann geändert in „Jugend mit Gott“ des Jesuiten Alfonso Pereira zu nennen, der 1956 erstmals erschienen ist und zahlreiche Auflagen (zusammen nahezu eine Million verkaufter Exemplare) erlebt hat. Dieses Buch prägte die vorkonziliare katholische Jugend im gesamten deutschen Sprachraum, aber auch noch jene nach dem Konzil bis in die achtziger Jahre hinein. Von der Titelformulierung her war es eine Antithese zu dem 1937 erschienenen

Der gerade zum Bischof von Münster ernannte Joseph Höffner besucht 1963 seinen Verlag.

Roman „Jugend ohne Gott“ von Ödon von Horvath.

Aber auch das religiöse Sachbuch spielte bei Butzon & Bercker eine Rolle. Beispielhaft seien in diesem Zusammenhang „Berckers theologische Grundrisse“ genannt, eine seit Anfang der sechziger Jahre herausgebrachte Kompendium-Reihe zu den theologischen Fächern, in der zahlreiche prominente Autoren veröffentlichten. 1962 erschien als deren erster Band die „Christliche Gesellschaftslehre“ von Joseph Höffner. Dieser war seit 1951 Professor für Christliche Sozialwissenschaften an der Katholisch-Theologischen Fakultät der Universität Münster. Als er sein Manuskript dem Verlag ablieferte, konnte er nicht ahnen, dass er kurz danach zum Bischof von Münster gewählt und ernannt wurde. Von 1969 bis zu seinem Tod 1987 war er Erzbischof von Köln und zeitweise Vorsitzender der Deutschen Bischofskonferenz.

1959 wurde der Bernward-Verlag von Jochen Behnke in Hildesheim gegründet. Der dortige Bischof und vormalige Kevelaerer Wallfahrtsrektor Heinrich Maria Janssen bat Edmund Bercker, mit dem Bernward-Verlag unterstützend zu kooperieren. Nach dem Tod des Verlegers Jochen Behnke im Jahr 1966 wurde der Bernward-Verlag in eine GmbH umgewandelt, an der sich Butzon & Bercker zu 51 Prozent beteiligt hatte, die anderen Anteile gehörten dem Bistum Hildesheim. Später reduzierte Butzon & Bercker seine Beteiligung und schied 1996 gänzlich aus der Gesellschaft aus.

Das Zweite Vatikanische Konzil (1962–1965) bedeutete für den katholischen Verlags- und Sortimentsbuchhandel einen Einschnitt. 1970 trat in Folge des Konzils die Liturgiereform in Kraft, mit der das Latein stark zurückgedrängt wurde. Besonders traf diese Neuregelung jene Verlage, die sich im liturgischen Bereich engagierten (z. B. Friedrich Pustet, Regensburg). Butzon & Bercker war aufgrund seines differenzierten Programmangebots davon weniger betroffen, wohl aber der örtliche Konkurrent, das Verlagshaus Joseph Thum, dessen Gebäude Ecke der heutigen Egmontstraße/Alte Weezer Straße im Krieg stark beschädigt wurde.

Dieser Verlag konnte nach 1945 nie mehr seine frühere Bedeutung erlangen und stellte 1982 seine Geschäftstätigkeit endgültig ein. Er hatte sich auf die im Rahmen der Wallfahrt benötigte Gebetsliteratur

1966 erhielt Augustin Kardinal Bea im Rahmen der Frankfurter Buchmesse den Friedenspreis des deutschen Buchhandels und besuchte aus diesem Anlass auch den Buchmessestand von Butzon & Bercker. Hier im Gespräch mit Edmund Bercker, im Hintergrund links der damalige Verlagsleiter Josef Heckens.

spezialisiert. Diese wurde aber immer weniger gebraucht. Zum einen nahm die Wallfahrtsfrequenz durch den Rückgang der Marienfrömmigkeit ab, nicht zuletzt auch verursacht durch das Konzil. Zum anderen brauchte man für den sonntäglichen Messbesuch, der ab den sechziger Jahren ebenfalls zurückging, kein eigenes Gebetbuch mehr. Die einzelnen Bistümer führten zunehmend einheitliche diözesane Gesangs- und Gebetbücher ein, und 1975 erschien schließlich die erste Ausgabe des Gotteslobs für den gesamten deutschen Sprachraum. Diese Bücher lagen bzw. liegen dann („kostenlos") zum Gebrauch in den Kirchen aus.

Das Konzil führte zu einem innerkirchlichen Aufbruch und forderte dadurch die katholischen Verlage in ihrer Programmgestaltung heraus, als es um dessen Umsetzung ging. Aber parallel dazu begann zum anderen seit den späten sechziger Jahren („Stichwort 1968") ein langsames Verdunsten der Kirchlichkeit. Dieses machte sich vor allem im stetigen Rückgang des Sonntagsmessbesuchs und bei den Kirchenaustrittszahlen bemerkbar. Diese Entwicklung kann ab der letzten Jahrhundertwende für den deutschen Sprachraum als durchaus dramatisch bezeichnet werden. Das hatte wiederum Auswirkungen auf den religiösen Buchmarkt. Verkaufte Auflagengrößen wie zu Zeiten von „Jugend mit Gott" waren nicht mehr erreichbar.

Parallel dazu vollzog sich ein Wandel im stationären Buchhandel. Zwar wurde nach wie vor das allermeiste über den Buchhandel abgesetzt, aber auch neue Vertriebsformen traten in Erscheinung. Das war zum einen der Versandhandel, in dem Weltbild ab den achtziger Jahren immer bedeutender wurde und dem stationären katholischen Sortimentsbuchhandel zu schaffen machte. Zum anderen wuchs die Macht des Zwischenbuchhandels, der sogenannten Barsortimente, der immer stärker die Buchhandlungen belieferte und die klassischen Verlagsauslieferungen zurückdrängte. In der Regel besaßen früher die Verlage jeweils eine eigene Auslieferung. Nunmehr haben nur wenige eine solche, darunter auch Butzon & Bercker (davon später mehr).

Um diesem Strukturwandel und auch der Dominanz des Verlages Herder besser begegnen zu können, gründeten auf der Frankfurter Buchmesse im Oktober 1970 einige mittlere katholische Verlage des deutschen Sprachraums die „Verlagsgruppe Engagement". An dieser Gründung waren Edmund Bercker Senior und Junior wesentlich beteiligt. Ersterer hatte in den ersten beiden Jahrzehnten nach dem Krieg das Programm des Verlages nachhaltig geprägt, Letzterer dann im letzten Viertel des 20. Jahrhunderts. Die „Verlagsgruppe Engagement" hat ihren Schwerpunkt im Erfahrungsaustausch und kooperiert in den Bereichen Programm, Werbung und Vertrieb. Vor allem fühlt sie sich dem Zweiten Vatikanum verpflichtet.

Der große Umzug

Der bisherige Standort des Unternehmens im Block Neustraße–Venloer Straße–Johannesstraße–Busmanstraße wurde nach dem Krieg vor allem wegen der Druckerei immer problematischer. Diese expandierte aufgrund von Fremdaufträgen im Laufe der Jahre, und der Platzbedarf war wegen des Maschinenparks, des Papierlagers, des Zwischenlagers für die gedruckten Bücher und auch des Verlagslagers für die Auslieferung immer größer geworden. Langjährige Mitarbeiter wissen noch, wie sich die LKWs durch die enge Venloer Straße mühten, um Papier anzuliefern oder gedruckte Bücher abzuholen. Wenn man die dortige Straßensituation betrachtet, kann man sich kaum vorstellen, wie das funktioniert hat. Mit

Bercker besaß eigene LKWs. Allerdings konnten nur solche Zweiachser das Firmengelände über die Venloer Straße erreichen.

heutigen Sattelschleppern wäre dort kein Durchkommen mehr möglich.

Außerdem war es aus stadtplanerischen Gründen immer problematischer geworden, dass sich fast im

Diese Luftaufnahme aus den späten sechziger Jahren zeigt das verschachtelte Firmengelände. Im Vordergrund links erkennt man die Venloer Straße. Im Zentrum sieht man das alte Druckereigebäude, links davon ein Anbau aus den frühen sechziger Jahren. Genau hinter diesem Komplex sieht man die Neustraße und das Gebäude des ehemaligen Hotels „Goldener Apfel". Man erkennt an dieser Aufnahme, dass ein Umzug notwendig war. Rechts unten sieht man ein weißes Gebäude. Hier wohnte die Familie Edmund Bercker.

Zentrum der Stadt und in unmittelbarer Nähe des Wallfahrtsgeschehens ein Gewerbe-, d. h., fast schon ein Industrie-Komplex, von einem inzwischen beachtlichen Ausmaß befand. Hinzu kommt noch, dass dieser von Wohngebieten umgeben war. Das wird nicht zuletzt durch die Abbildung am Beginn dieser Darstellung (Vorsatz) deutlich. Daher liefen ab Mitte der siebziger Jahre mit Unterstützung des Landes und der Stadt Kevelaer Bemühungen um Abhilfe. Es konnten im Gewerbegebiet

Der damalige nordrhein-westfälische Ministerpräsident Johannes Rau nahm 1980 an der Eröffnung des neuen Druckereigebäudes teil. Hier im Gespräch mit Edmund Maximilian Bercker.

östlich der Bundesstraße 9 auf dem Hoogeweg zwei gegenüberliegende Grundstücke (Adresse 71 sowie 70 bis 100) mit der Option erworben werden, den bisherigen Standort in der Innenstadt für die Errichtung der späteren Luxemburger Galerie zu verkaufen, womit die Finanzierung der Neubauten abgesichert war.

Zuerst wurde die Bronzegießerei errichtet (über diese lesen Sie noch später S. 73 f.), die sich bislang an der Bogenstraße (im Bereich des heutigen Parkplatzes des Supermarkts Edeka) befand und deren Neubau dringend notwendig war. Bereits 1978 wurde die Bronzegießerei unter der Adresse Hoogeweg 70 eingeweiht. Im selben Jahr begann der Neubau des Graphischen Betriebs in ihrer unmittelbaren Nachbarschaft unter der Adresse Hoogeweg 100. 1980 war

1981 nahm der Bischof von Münster Reinhard Lettmann die Einsegnung des neuen Verlagsgebäudes vor. Von links: Klaus Bercker, Reinhard Lettmann, Edmund Maximilian Bercker und Edmund Bercker.

dieser fertig, und die Übersiedelung konnte vorgenommen werden. Die Zufahrts- und Lademöglichkeiten waren wesentlich besser als in der Innenstadt. Außerdem wurde ein entsprechendes Paletten-Hochlager errichtet, um gedruckte Bücher zwischenlagern zu können.

Parallel dazu wurden gegenüber, unter der Adresse Hoogeweg 71, das Gebäude für die Verwaltung und den Verlag sowie das Lager für die Verlagsauslieferung errichtet. Dieses Ensemble wurde 1980 fertiggestellt und feierlich eingeweiht. An dieser Feier nahm auch der damalige Ministerpräsident des Landes Nordrhein-Westfalen und spätere Bundespräsident Johannes Rau teil, was naturgemäß mediale Aufmerksamkeit hervorrief. Die Segnung der neuen Gebäude nahm der ein Jahr davor gewählte und ernannte Bischof von Münster Reinhard Lettmann vor. Im Wesentlichen wurde der Umzug von den Brüdern Klaus und Edmund Maximilian Bercker organisiert.

Die alten Gebäude des Unternehmens in der Innenstadt wurden abgerissen. An ihrer Stelle entstand, wie erwähnt, die Luxemburger Galerie mit Geschäften, einem Restaurant,

Das Gebäude der Druckerei am Hooge Weg 100 wurde im Jahr 1980 bezogen.

einem Hotel, einem Seniorenstift und Wohnungen. Aber erst 1993 wurde diese Galerie eröffnet. Der Stil der Außenfassade erinnert an frühere Gebäude der Druckerei von Butzon & Bercker. 110 Jahre – von 1870 bis 1980 – befand sich der Standort der Firma an dieser Adresse. Das war nunmehr Geschichte geworden.

Das Gebäude am Hooge Weg 71, in dem die Geschäftsführung, der Verlag, die Buchhaltung und die Verlagsauslieferung untergebracht waren, wurde 1981 fertig.

Das dritte Standbein: Kunstwerkstätten und Bronzegießerei

Bereits 1904 wurden die Kunstwerkstätten gegründet, um auch auf dem Gebiet der Produktion und des Handels mit Devotionalien ein drittes Standbein neben Druck & Bindung sowie Verlag zu haben. 1906 gab es einen entsprechenden Katalog von Butzon & Bercker, in dem Folgendes angeboten wurde: Rosenkränze mit Etuis, Heiligenbilder in Glas, Metall und Papier, polychromierte Figuren, Steh- und Hängekreuze, Sterbekreuze aus Messing, Medaillen, Weihwasserkessel in Metall und Porzellan sowie Leuchter.

Aber die Konkurrenz auf diesem Gebiet war in Kevelaer groß, so dass sich erst nach dem Zweiten Weltkrieg dieser Bereich so richtig entwickeln konnte. Das hing auch mit dem Niedergang der erwähnten Kevelaerer Firma Joseph Thum zusammen, die sich neben der Herausgabe von Gebetbüchern und deren Bindung auch auf den Handel mit Devotionalien spezialisiert hatte. Für einen klassischen Marien-Wallfahrtsort wie Kevelaer war das naheliegend, denn diese Produkte wurden gerade an einem solchen gebraucht bzw. gesucht.

Diese Sparte wurde nach 1945 innerhalb von Butzon & Bercker zu einem wichtigen Faktor und überholte von der Umsatzgröße den Verlag. Das hatte seine Ursache u. a. in dem Umstand, dass die Durchschnittspreise bei den Kunstwerkstätten höher sind als beim Buchverlag und dass deren Preise im Gegensatz zu den Büchern nicht der Preisbindung unterliegen. Die Zielgruppe der Kunstwerkstätten liegt nur zu einem kleinen Teil in der Kevelaerer Wallfahrt. Der weitaus größere Teil der Produkte geht an den religiösen Buchhandel, an Kloster- und Wallfahrtsläden sowie an sonstige einschlägige Verkaufsstätten. Und da diese Produkte in der Regel „schriftlos“ sind, können sie problemlos auch außerhalb des deutschen Sprachraums verkauft werden.

Neben den klassischen Devotionalien bzw. religiösen Gegenständen wie Kreuze, Rosenkränze, Weihwasserbecken, Kerzen usw. wurden gegen Ende des letzten Jahrhunderts zunehmend auch nichtreligiöse Produkte, vornehmlich im Geschenkbereich, hergestellt und vertrieben. Um dieser Sparte eine entsprechende Basis zu

Impressionen aus der Bronzegießerei.

verschaffen, wurde 1957 eine eigene Bronzegießerei errichtet, um derartige Produkte selber herstellen zu können. Sie wurde in den folgenden Jahren ausgebaut, wobei sich Klaus Bercker darum kümmerte. Zu diesem Zweck wurde ein Gießereileiter aus Köln engagiert.

1963 gründete Edmund Bercker mit Fritz Wulfert, der von der Firma Dynamit Nobel aus Troisdorf bei Köln kam, die Kunststoffgießerei Wulfert & Bercker, die vornehmlich Krippenfiguren, Kreuze und Madonnen produzierte. Dort wurde der Kunstharzwerkstoff „Berckerlith" hergestellt. Nach 1970 schied Bercker aus dieser Firma wieder aus.

Die Bronzegießerei hingegen führte wiederum 1969 zur Errichtung des Unternehmensbereiches BU-BE Baubeschläge, der aber im ersten Jahrzehnt des neuen Jahrhunderts aufgrund der Konkurrenzlage und der schwindenden Akzeptanz der Bronze in diesem Produktbereich wieder eingestellt wurde.

Hingegen wurde der ab 2004 produzierte kleine Engel-Handschmeichler aus Bronze zu einem Erfolg mit einer Million verkaufter Exemplare bis 2024. Dieser animierte zu Kombiprodukten, nämlich Buch mit Bronze-Einlage (wie mit diesem

Der Engel-Handschmeichler ist ein großer Erfolg.

Engel), die anfänglich erfolgreich waren. Als aber Anfang 2007 gleichzeitig die Mehrwertsteuer von 16 auf 19 Prozent angehoben wurde und der Einkaufspreis für Bronze stark angestiegen war, konnten solche Kombiprodukte nicht mehr für einen relativ günstigen Preis angeboten werden, sodass das Kaufinteresse nachließ.

Es wurde in der Bronzegießerei aber nicht nur für den eigenen Handel produziert, sondern auch Fremdaufträge angefertigt, sei es für Künstler oder für die Öffentliche Hand. Als Beispiele seien hier der Karlsbrunnen in Aachen, der historische Ziehbrunnen in Bad Vilbel oder die Figur des

Die Statue des Hendrik Busman in Kevelaer.

Hendrick Busman in der Busmanstraße in Kevelaer genannt. Die Bronzegießerei ist für Butzon & Bercker weiterhin ein wichtiger Zweig, dem auch öffentliches Interesse entgegengebracht wird. Immer wieder gibt es Führungen, und auch das Fernsehen brachte über sie gelegentlich Berichte. In den Jahren vor und nach der Jahrhundertwende leitete Michael Bercker die Bronzegießerei, ein Sohn von Franz Bercker und damit Enkel von Bernhard Bercker.

Bereits 1968 wurde die Fritz Cleve Neuzeitliche Handwerkskunst GmbH erworben, die sich bislang auf Keramik spezialisiert hatte. Daraus entwickelte sich neben den klassischen Devotionalien bzw. der religiösen Kunst auch ein Angebot allgemein künstlerisch wertvoller Produkte, die ab 1995 unter dem Namen „cleve art-line“ vertrieben werden (ab 2009 unter „Bercker art-line“). Im Juni 2007 fand der G-8-Gipfel in Heiligendamm (Mecklenburg-Vorpommern) statt. Zur Vorbereitung gab es dort ein G-8-Außenminister-Treffen. Der damalige deutsche Außenminister und spätere Bundespräsident Frank-Walter Steinmeier schenkte seinen Amtskollegen zur Erinnerung an dieses Treffen aus dem Angebot von „cleve art-line“ die Bronze-Skulptur „Gemeinsam sind wir stark“ von Luise Kött-Gärtner.

Die Kunstwerkstätten benötigten für die Herstellung bestimmter Produkte aus Holz, wie etwa Kreuze, auch eine Schreinerei. Das führte 1987 zu der Errichtung des Unternehmensbereichs Laden- bzw. Innenausbau. Auch für Buchhandlungen wurden solche Einrichtungen hergestellt. Zu den Aufgaben der Schreinerei zählten auch der Entwurf und der Bau des Messestandes des Verlages auf der Frankfurter Buchmesse.

Die Skulptur „Gemeinsam sind wir stark".

1989 bezeichnete die „Frankfurter Allgemeine" den Stand von Butzon & Bercker als den schönsten auf der Buchmesse. Jedoch erwies sich bedauerlicherweise der Bereich La-

Brunnen in Bad Vilbel.

den- bzw. Innenausbau nicht mehr als konkurrenzfähig und wurde nach 2000 wieder eingestellt.

Ein weiteres Standbein: die Logistik

Wie bereits erwähnt, hatten früher die meisten Verlage eine eigene Auslieferung. Diese dient dazu, die im Verlag erschienenen Bücher zu lagern und an den Handel zu liefern. Die Verlage setzen Vertreter (Außendienstmitarbeiter) ein, die die einzelnen Buchhandlungen besuchen, dort das neue Programm vorstellen und Bestellungen entgegennehmen. Die bei einem solchen Besuch bestellten Bücher erhalten einen Vertreterrabatt, der höher ist als der Grundrabatt. Früher hatten auch Bestellungen auf der Buchmesse Bedeutung, denn solche erhielten Messerabatt. Aber diese sind bedeutungslos geworden.

Wenn nun jeder Verlag eine Auslieferung unterhält, dann hat ein Buchhändler je nach seinen Sortimentsschwerpunkten mit einer Vielzahl von solchen zu tun. Daher entstanden bald Auslieferungsfirmen, die für die Verlage die Rechnungsstellungen und Lieferungen zum Vorteil des Handels bündeln konnten. Zusätzlich etablierten sich Großhändler bzw. Barsortimente, die im buchhändlerischen Geschehen immer mehr an Bedeutung gewannen und nahe an eine Monopolstellung gekommen sind.

Im Gegensatz zu den Verlagsauslieferungen können Barsortimente keinen Vertreterrabatt gewähren, aber sie haben in ihrem Angebot den größten Teil aller lieferbaren bzw. relevanten Buchtitel im Programm. Das heißt, der Buchhändler braucht nicht mehr mit den nach wie vor zahlreichen Verlagsauslieferungen zusammenarbeiten, sondern nur noch mit einem Barsortiment. Dieses kann zwar nicht mit den Konditionen einer Verlagsauslieferung mithalten, aber dafür muss der Buchhändler nicht mit einer großen Zahl von Verlagsauslieferungen kommunizieren, was Zeit und damit Geld spart. Kurzum: Der Konzentrationsprozess in diesem Bereich hat seit den achtziger Jahren ständig zugenommen.

Butzon & Bercker hat seit jeher eine eigene Verlagsauslieferung. Man hätte zwar theoretisch die Auslieferung des Buchbereiches einem entsprechenden Dienstleister übergeben können, aber bei den komplizierten Produkten der Kunstwerkstätten wäre das kaum möglich gewesen. Bücher und das Angebot der Kunstwerkstätten wiederum getrennt auszuliefern, wäre im Interesse des Handels aber auch nicht sinnvoll gewesen.

Blick in das Auslieferungslager mit den Hochregalen im Hintergrund.

Nun setzte ab 1988 eine Bewegung ein: In diesem Jahr gab der Verlag Styria Graz seine eigene deutsche Auslieferung in Köln auf und übergab diese der Auslieferung des den Pallottinern gehörenden Lahn-Verlags in Limburg. Dieser ging ab 1989 in den Besitz der Butzon & Bercker GmbH über. Damit kam die Auslieferung für Lahn und Styria nach Kevelaer. Dadurch wurden jetzt hier drei mehr oder minder bedeutende katholische Verlage gemeinsam ausgeliefert, was zumindest für den katholischen Buchhandel eine Erleichterung darstellte.

Im Laufe der neunziger Jahre gab es innerhalb der bereits erwähnten „Verlagsgruppe Engagement" eine intensive Diskussion über eine engere Kooperation auch im Auslieferungsbereich. Der Verlag Echter in Würzburg gab bekannt, seine Verlagsauslieferung aufzugeben, bei der auch noch andere Verlage mitausgeliefert wurden. Ebenso kündigte der Verlag Don Bosco in München an, seine eigene Auslieferung aufzugeben. Nun bot sich die Chance, in Kevelaer eine Reihe von katholischen Verlagen auszuliefern. So wurde 1998 im Rahmen der Butzon & Bercker GmbH die Dienstleistungssparte Logistik unter dem Namen „Auslieferungszentrum Niederrhein" (AZN) gegründet, die dann 2017 ihren Namen in „Auslieferungszentrum Bercker" (AZB) änderte.

Jedenfalls wurden ab 1997 bei AZN neben Butzon & Bercker noch die Verlage Lahn, Styria Graz (später ausgeschieden), Tyrolia Innsbruck, Don Bosco München, Matthias-Grünewald Verlag Mainz (später ausgeschieden), Paulusverlag Freiburg/Schweiz (später ausgeschieden) und ab 1999 Topos ausgeliefert. Durch eine spezielle Akquise-Werbung kam ab 2015 eine Reihe von Verlagen in die Auslieferung hinzu, so z. B. die „Engagement" Verlage Neue Stadt und Bonifatius. Inzwischen (Stand 31.12.2023) stehen neben Butzon & Bercker insgesamt 52 Verlage in der Auslieferung durch AZB, so dass dieser Logistikbereich zu einem bedeutenden Faktor innerhalb der Butzon & Bercker GmbH geworden ist.

Das Logo der Auslieferung AZB.

Auf ins neue Jahrhundert

Von Historikern wird die These vertreten, das 19. Jahrhundert sei ein langes gewesen, es hätte von der Französischen Revolution (1789) bis zum Ersten Weltkrieg (1914–1918) gedauert. Hingegen wäre dann das 20. Jahrhundert ein kurzes, nämlich vom Ersten Weltkrieg bis zu den weltpolitischen Umbruchjahren 1989/90. Mit diesen hätte ein neues Zeitalter – und wenn man so will – das 21. Jahrhundert begonnen. In der Tat hat diese These etwas für sich.

Die deutsche Wiedervereinigung brachte den Verlagen ein zusätzliches Absatzgebiet, denn in die damalige DDR durften vom „Klassenfeind" BRD keine Bücher direkt geliefert werden. Für katholische Verlage spielte jedoch diese Änderung eine geringe Rolle, denn die Katholiken sind auf dem Gebiet der nunmehrigen „neuen" Bundesländer seit jeher eine überschaubare Minderheit. Allerdings praktizierten katholische Verlage in Westdeutschland und Österreich eine Zusammenarbeit mit dem einzigen katholischen Verlag in der DDR, dem Benno-Verlag in Leipzig, und gelegentlich auch mit dem Verlag der Ost-CDU, dem Union-Verlag in Ost-Berlin. Es wurden in Koproduktion gemeinsame Titel herausgebracht, die in der DDR zu wesentlich günstigeren Preisen gedruckt werden konnten als im Westen.

Nach der Wende erübrigten sich zwar solche Koproduktionen, doch es bestanden die günstigen Preisangebote der Druckereien des ehemaligen Ostblocks (außer der ehemaligen DDR) weiter, weil dort die Personalkosten deutlich niedriger waren bzw. immer noch sind. Das stellte eine Konkurrenz für die heimischen Druckereien dar, die mit diesen Angeboten nur schwer mithalten konnten. Die Folge war eine Marktbereinigung im deutschen Druckereisektor.

Im Juni 1990 hielten sowohl der Verband Katholischer Verleger und Buchhändler als auch die „Verlagsgruppe Engagement" ihre jeweiligen Mitgliederversammlungen zeitgleich in Kevelaer ab. In beiden Verbänden engagierten sich Edmund Bercker Senior und Junior. Gleichzeitig feierte man 120 Jahre Butzon & Bercker. Es versammelten sich bei dieser Gelegenheit die Spitzen der katholischen Buchbranche Deutschlands und teilweise auch Österreichs in Kevelaer.

Wie bereits erwähnt, übernahm 1989 Butzon & Bercker den

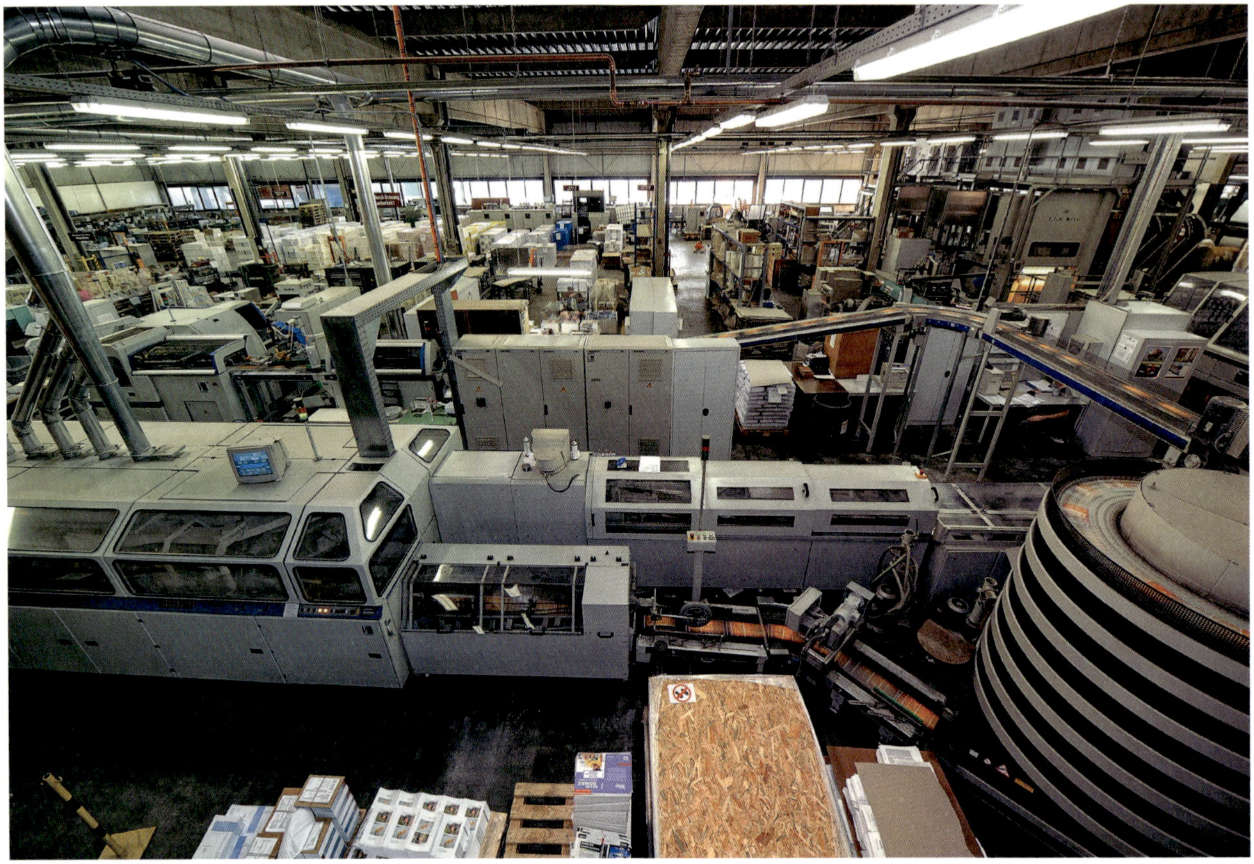

Der Bercker Graphische Betrieb um die Jahrtausendwende.

Lahn-Verlag in Limburg. Dort befand sich der Provinz-Sitz der Pallottiner, die neben einem Verlag auch eine leistungsfähige Druckerei betrieben hatten. Diese Ordens-Unternehmen erreichten inzwischen eine kritische Größe, so dass die Gefahr des Verlustes der Gemeinnützigkeit bestand. Hinzu kam der Kapitalbedarf, um die technische Ausrüstung der Druckerei auf den neuesten Stand zu halten. Den konnte aber die Ordensgemeinschaft nicht aufbringen. Daher wurden jeweils der Verlag und die Druckerei verkauft. Der Lahn-Verlag behielt vorerst seinen Sitz bzw. sein Büro in Limburg bei, erst im Jahr 2000 wurde er nach Kevelaer verlegt. In der Folge wurde das Programm des Lahn-Verlags bei Butzon & Bercker sukzessive integriert.

Gegen Ende der neunziger Jahre näherte sich Klaus Bercker dem Ruhestandsalter. Da sich in der Familie Bercker niemand angeboten hatte, die Leitung des Graphischen Betriebs zu übernehmen und da sich für diesen bzw. die Gesellschafter ebenfalls der

Investitionsbedarf stellte, wurde die Druckerei mit Wirksamwerden zum 1. Januar 1999 an einen Einzelunternehmer (Ulrich Schurer) verkauft. Der Firmenname Bercker Graphischer Betrieb wurde beibehalten, und das Grundstück sowie die Gebäude verblieben im Eigentum der Butzon & Bercker GmbH, die in den folgenden Jahren durch den Mieterlös profitieren konnte. Durch diesen Verkauf war es möglich geworden, die Gesellschafteranteile von Klaus Bercker auf Edmund Maximilian Bercker zu übertragen, der somit alleiniger Gesellschafter und Geschäftsführer der GmbH wurde.

Klaus Bercker blieb nach dem Verkauf des Graphischen Betriebs noch Mit-Geschäftsführer beim neuen Eigentümer, um den Übergang zu sichern. Aus gesundheitlichen Gründen schied er jedoch nach einem Jahr endgültig aus. Im Rückblick hat sich die Entscheidung, sich vom Graphischen Betrieb zu trennen, als richtig erwiesen.

Der Verlag stand nach dem Rückzug von Edmund Bercker in den achtziger und neunziger Jahren sowie in den ersten Jahren des neuen Jahrhunderts unter der „Obhut" von Edmund Maximilian Bercker, wobei es für das operative Geschäft immer Verlagsleiter gab. Als solcher ist vor allem Josef Heckens (1923–2000) zu nennen. Er prägte das Programm in den Jahren 1949 bis 1959 und dann vor allem von 1964 bis 1988 erfolgreich und nachhaltig.

Verlegerische Herausforderungen dieser Jahre waren u. a. der Besuch von Papst Johannes Paul II. (der zehnte Papst in der Geschichte des Unternehmens) im Jahr 1987 in Kevelaer, die Feier 350 Jahre Wallfahrt in Kevelaer im Jahr 1992 sowie die Herausgabe der beiden Bände des Katholischen Erwachsenenkatechismus 1985 und 1995 (in Zusammenwirken mit der Verlagsgruppe Engagement). Nach der Promulgation des neuen Kirchenrechts im Jahr 1983, des Codex Iuris Canonici (CIC), wurde Butzon & Bercker von der Deutschen Bischofskonferenz beauftragt, dessen offizielle deutsch-lateinische Ausgabe herauszubringen (2017 erschien die 8. Auflage). Seit 1996 erscheint die spirituelle Monatszeitschrift „Magnificat" bei Butzon & Bercker, die nicht nur ökonomisch interessant ist, sondern auch zur Reputation des Verlages innerhalb des katholischen Milieus beiträgt.

Seit jeher wurden im Rahmen des Programms der Kunstwerkstätten auch Karten zu den verschiedensten Anlässen herausgebracht. Um diesen Bereich besser positionieren zu können, wurde im Oktober 2002 vom Münchener Groh-Verlag dessen

Edmund Maximilian Bercker in seinem Büro in den achtziger Jahren.

Karten-Sparte übernommen. Dieser Verlag war im Bereich Geschenkbücher sowie Karten erfolgreich. Ab 2003 wurden diese Groh-Karten im Rahmen der Kunstwerkstätten angeboten, nach einiger Zeit wurde der Name Groh, wie vertraglich vereinbart, aufgegeben. Der Karten-Bereich wurde innerhalb von Butzon & Bercker mit einer eigenen Vorschau ein eigenes Profitcenter und hat sich inzwischen etabliert.

Ab der Jahrhundertwende erfuhr der Verlag Butzon & Bercker eine sukzessive Programmspezifizierung. Zum einen wurde das bereits seit einiger Zeit bestehende Angebot im Bereich Erstkommunion verstärkt, den modernen Bedürfnissen angepasst und graphisch deutlich verbessert. Gleichzeitig wurden Vertriebsmaßnahmen gesetzt, um für den Buchhandel attraktiver zu werden (Paketangebote etc.). Die Folge war eine positive Verkaufsentwicklung. In diesem Zusammenhang wurden die diesbezüglichen Angebote der Kunstwerkstätten mit integriert. Das kam dem Trend im Buchhandel entgegen, den Sektor Nonbook zu verstärken. Es wurden nun Produkte angeboten, die mit klassischen Devotionalien nichts mehr gemein hatten (z. B. dekorative Schiefertafeln und Windlichter). Diese Strategie wurde auch beim Angebot anderer Themen angewandt.

Gleichzeitig wurde zum anderen ein Geschenkbuchsektor aufgebaut. Den Anfang nahmen die Geldgeschenkbücher, die ebenso ein Erfolg wurden. (Die Geschenkbücher mit Bronze-Einlage wurden bereits erwähnt.) Das Ziel war, zu Themen der verschiedenen Lebens- wie Jahreswenden ein vielfältiges Programm

Anlässlich des 70. Geburtstages von Edmund Maximilian Bercker wurde 2006 eine Aufnahme von 64 damaligen Betriebsangehörigen gemacht. 2024 – zum Erscheinen dieses Buches – waren von diesen noch 13 im Unternehmen tätig, das ist ein Fünftel: Erste Reihe knieend: Erste von rechts Astrid Gundlach, vierte von rechts Heidi Rose, fünfte von rechts Claudia Lange, sechste von rechts Nicole Weidner, vierte von links: Helga Daniels. Zweite Reihe stehend: Erster von links Christoph Kemkes, zweiter von links Gerhard Hartmann, dritter von links Timo Bercker, siebente von links Katrin van Soest, achter von links Rainer Brünken . Rechts oberhalb von Nicole Weidner steht Petra Tschunkert. Links oben außen steht Heinz-Gerd Brouwers.

„mit Sinn", also mit christlicher Grundlage, anzubieten. Vor allem sind hier die mit Buch und Nonbook kombinierten Themenangebote (sog. Aktions-Pakete), wie Erstkommunion, Firmung, Konfirmation, Weihnachten, Geburt, Taufe, Hochzeit und Trauer zu nennen.

Daneben wurde der religiöse Kinder- und Jugendbereich ebenso forciert. Hier ist die seit den neunziger Jahren erscheinende preiswerte Reihe „Den Kindern erzählt/erklärt" zu nennen, die ein Longseller geworden ist. Ebenso die Kinder-Pappbilderbücher und Bilderbücher zu biblischen Themen. Diese Bücher wurden immer aufwendiger gestaltet (z. B. mit Registerbücher, Drehelementen oder Klappen). Beim Kauf

Eine Auswahl von Buchtiteln nach dem Jahrtausendwechsel

Oben die erfolgreiche Reihe „Den Kindern erzählt/erklärt".
In der Mitte das große Kinder-Bibelbuch „Mein großer Bibelschatz".
Unten links Geschenkbuch zum Schulanfang.

Oben links ein erfolgreiches Kinder-Pappbilderbuch.
Oben rechts ein Geschenkbuch zur Taufe.
Darunter ein Geschenkbuch zur Erstkommunion.

Eine Auswahl von Buchtiteln, die bei Butzon & Bercker nach 2000 erschienen sind. Man vergleiche diese mit den auf den Seiten 28, 38 und 39 aufgeführten Verlagstitel, die vor 1914 herausgegeben wurden, also vor mehr als hundert Jahren. Der Wandel im Geschmack und vor allem in der religiösen Praxis ist offenkundig.

des Lahn-Verlages wurden dessen Bibel-Bilderbücher übernommen, die von der Illustratorin Constanza Droop gestaltet wurden. Diese wurde in den neunziger Jahren mit ihrer Kinderbuch-Serie „Felix der Hase“ bekannt.

2007 wurde unter der umsichtigen Leitung und Inspiration von Christoph Kemkes, dem Leiter der Herstellung, und der Mitarbeit von Nicole Weidner aus dem Grafikteam ein neues Logo kreiert. Das bisherige mit dem Ankermotiv und den beiden Buchstaben B geht auf das Jahr 1875 zurück, kurz nachdem die Firma Butzon & Bercker entstanden ist. Diese anfängliche Version erfuhr dann 1925, also 50 Jahre später, eine signifikante Änderung, die dann mit leichten Korrekturen im Jahr 1935 und nach dem Zweiten Weltkrieg beibehalten wurde. Das nunmehrige Logo ist zum einen farbig, zum anderen hat es das Motiv des Ankers beibehalten. Die vier Felder mit den unterschiedlichen Farben sollen die vier produzierenden Sparten des Unternehmens symbolisieren: den Buchverlag, die Kunstwerkstätten, den Kartenverlag und die Bronzegießerei.

Im März 2012 musste der Anfang 1999 verkaufte Graphische Betrieb bedauerlicherweise Insolvenz anmelden. Damit ging eine mehr als hundertfünfzigjährige Druck- und Bindetradition mit dem Namen Bercker in Kevelaer zu Ende. Die strukturellen Gründe hierfür wurden bereits angedeutet. Im Bereich des Drucks von Büchern gab es nach 1990 in Deutschland einen Bereinigungs- und Konzentrationsprozess. Der Graphische Betrieb gehörte zwar nicht zur Liga der ganz großen Druckereien, wohl aber zur Spitze der Mittelklasse. Diese wurde nach dem Verkauf eine Zeitlang gehalten. So wurden z. B. ab 2000 Teile der Buchauflagen von Harry Potter und der Biografie des US-Präsidenten Clinton produziert. Aber es herrschte in dieser Branche sowohl ein zum Teil

BUTZON BERCKER

Das neue Logo von Butzon & Bercker ab 2007.

harter Konkurrenzkampf als auch ein ständiger Investitionsbedarf, für den das nötige Kapital bereitgestellt werden musste. Das war aber nicht immer leicht. Bedauerlich war aber, dass durch diese Insolvenz Arbeitsplätze in Kevelaer verlorengegangen sind.

Aber negative Ereignisse haben oftmals auch positive Seiten. Durch den Wegfall des Graphischen Betriebs standen dessen Räumlichkeiten für den Logistikbereich zur Verfügung. Dieser Bereich expandierte bereits in den Jahren zuvor und dann vor allem ab dem Jahr 2015. Die an der Adresse Hoogeweg 71 vorhandene Lagerkapazität war deutlich zu klein geworden, so dass Außenlager angemietet werden mussten. Diese waren zum einen ein Kostenfaktor und führten zum anderen zu der Umständlichkeit, fortwährend Transporte zwischen den Standorten durchführen zu müssen. In den ehemaligen Druckereiräumlichkeiten stand zum einen reichlich Platz mit einem Hochpalettenlager zur Verfügung, zum anderen war die An- und Ablieferung mit Sattelschleppern unter der Adresse Hogeweg 100 wesentlich leichter als unter der Adresse Hoogeweg 71.

Daher zogen 2013 die Geschäftsführung, die Verwaltung, der Verlag sowie die Büros der Auslieferung in die Räumlichkeiten des ersten Stocks der ehemaligen Druckerei. An der bisherigen Adresse verblieben lediglich Bereiche des Lagers, wie z. B. das Handlager und die Versandfertigmachung. Der Komplex, in den 1981 die Verwaltung und der Verlag eingezogen sind, wurde nach 32 Jahren frei und vermietet. Durch diese Maßnahmen konnte die Logistik ab 2015, wie bereits erwähnt, expandieren. Das setzte wiederum entsprechende Investitionen voraus, vor allem im Bereich der IT.

Im März 2020 wurde die Welt mit der Corona-Pandemie konfrontiert, die in vielen Facetten an die Spanische Grippe ab 1918 erinnerte, die damals viele Tote forderte. Für die Wirtschaft, damit auch für Butzon & Bercker, brachte diese Pandemie massive Einschränkungen (sog. Lock-Downs). Der Einzelhandel und die Gastronomie mussten größtenteils eine Zeitlang schließen, ebenso stagnierte die industrielle Produktion. Die Pandemie hatte in den Jahren 2020 und 2021 ihre diesbezüglich stärksten Auswirkungen. Ab 2022 besserte sich wiederum die Lage. Doch der Zustand bis 2019 wurde nur sehr schwer wieder hergestellt. Insbesondere war auch das kirchliche

Das nunmehrige Hauptgebäude von Butzon & Bercker ab 2013.

Leben betroffen, da Gottesdienste zuerst gar nicht und dann nur unter strengen Auflagen möglich waren. Auch die Wallfahrt nach Kevelaer war anfänglich nicht möglich und erlitt einen Einbruch, von dem sie sich nur schwer erholen konnte.

Infolge der Corona-Pandemie mussten eine Reihe von Buchhandlungen und für das Unternehmen wichtige Einzelhandelsunternehmungen schließen. Das hatte Auswirkungen auf Butzon & Bercker. Nach Abflauen der Pandemie konnten die Umsätze von 2019 zunächst wieder erreicht werden, doch dann brach im Februar 2022 der Ukraine-Krieg aus, der wiederum zu einer Energie-Krise führte. Infolgedessen kam es zu inflationären Zuständen, die aber weit von denen des Jahres 1923 entfernt waren. Jedenfalls sind die Zeiten ab 2020 herausfordernder geworden.

Die fünfte Generation

Erinnern wir uns: Ab 1870 machte Franz Hermann Bercker aus einer kleinen Buchbinderei ein respektables mittelständisches Unternehmen. Er starb 1899, woraufhin seine Söhne Joseph und Bernhard das Erbe antraten. Joseph schied 1912 aus, so dass Bernhard in der Folge alleiniger Geschäftsführer wurde. Das war die zweite Generation. Bernhard starb überraschend im Jahr 1927. Nach einem Interregnum übernahm im Jahr 1930 dessen Sohn Edmund Bercker die Geschäftsführung. Das war die dritte Generation. Dessen Söhne Klaus und Edmund Maximilian wurden 1970 Mitgeschäftsführer und stellten somit die vierte Generation dar. 1999 schied Klaus aus, wodurch Edmund Maximilian nun alleiniger Gesellschafter und Geschäftsführer wurde.

Wie bereits dargestellt, hatte die deutschsprachige Verlagslandschaft nach 1945 nachhaltige Veränderungen erfahren, darunter zählt auch folgendes Phänomen: Die prägende Verlegerpersönlichkeit ist rarer geworden. In der Tat findet man den inhabergeführten Verlag immer seltener, nämlich bei dem eine Person bzw. Persönlichkeit die inhaltlichen Leitlinien vorgibt, ohne dabei die ökonomischen Notwendigkeiten außer Acht zu lassen. Vor allem Edmund und Edmund Maximilian Bercker haben diese Aufgabe vorbildlich erfüllt. Sie haben sich von der Maxime leiten lassen, das Unternehmen, insbesondere den Verlag, in Unabhängigkeit und Eigenständigkeit sowie ungeachtet irgendwelcher Einflüsse, auch kirchlicher Natur, zu führen. Wir erleben im katholischen Medienbereich eine zunehmende Konzentration in Richtung amtskirchliche Eigentümerschaften (Diözesen, Ordensgemeinschaften etc.). Umso mehr ist diese Linie der Familie Bercker beachtenswert, vor allem dann, wenn sie auch von wirtschaftlichem Erfolg begleitet ist.

Edmund Bercker.

Edmund Bercker hatte mit vielen Schwierigkeiten zu kämpfen. Er musste infolge des frühen Todes seines Vaters das Studium abbrechen und ins „kalte Wasser springen". Dann kam 1933 der Nationalsozialismus mit seinen Einschränkungen und Beschlagnahmungen, dann der Krieg und nach diesem der mühsame Wiederaufbau. Ihm gelang es dann, den Buchverlag in die obere Liga der deutschsprachigen katholischen Verlage zu bringen, die Kunstwerkstätten inklusive der Bronzegießerei zu profilieren und die Druckerei auf eine solide Basis zu stellen. Gegen Ende seiner Tätigkeit galt es, die Übersiedelung aus der Innenstadt in das Gewerbegebiet zu meistern. Gemäß dem bereits erwähnten Wahlspruch seiner Studentenverbindung (siehe S. 45) blieb er zeit seines Lebens rechtschaffen und furchtlos.

Sein Sohn Edmund Maximilian trat in das Unternehmen ein, als gerade das II. Vatikanische Konzil zu Ende war. Zweifelsohne wurde er von diesem und der Aufbruchstimmung der späten sechziger Jahre geprägt. Von daher rührte seine offene Haltung gegenüber Menschen und neuen Ideen. Nach dem sukzessiven Rückzug seines Vaters führte er zusammen mit seinem Bruder Klaus das Unternehmen, wobei er sich in den folgenden Jahrzehnten auf die Bereiche Verlag und Kunstwerkstätten sowie alles andere, was nicht zur Druckerei gehörte, konzentrierte. Er baute auf dem auf, was sein Vater, Großvater und Urgroßvater geschaffen hatten und führte deren Weg weiter, wobei er immer nach Neuem Ausschau hielt. Ein besonderes Anliegen war, den Verlag unabhängig von allen institutionellen Einflüssen der Kirche zu halten.

Gegenüber seinen Vorfahren besaß Edmund Maximilian Bercker ein besonderes Gespür. Wie kein anderer vor ihm erkannte er die Notwendigkeit, Netzwerke aufzubauen *(networking)*, nicht zuletzt zum Nutzen seiner beruflichen Position. Dieses Engagement basierte auf seiner Überzeugung, sich in Kirche und Gesellschaft einbringen und engagieren zu müssen. Zahllos waren daher seine Funktionen. Im kirchlich-beruflichen Bereich waren das: Vorsitzender des Verbandes katholischer Verleger und Buchhändler (1975–1980), Mitglied des Zentralkomitees deutscher Katholiken (ZdK) (1994–1999), Mitglied der Publizistischen Kommission der Deutschen Bischofskonferenz (2001–2011), Vorstandsmitglied des Katholischen

Medienverbandes (2004–2007) und Vorsitzender der „Verlagsgruppe Engagement“. Darüber hinaus war er langjähriges Mitglied des Kirchenvorstands der Pfarrei St. Marien Kevelaer und des Kuratoriums des Marienhospitals Kevelaer.

Im kommunalpolitischen Bereich waren das: Mitglied des Rates der Stadt Kevelaer für die CDU (1984–1989 und 1999–2009), ehrenamtlicher stellvertretender Bürgermeister der Stadt Kevelaer (1999–2009), Ortsvorsteher von Kevelaer Mitte (1999–2020), Vorsitzender des CDU-Stadtverbandes Kevelaer (1993–2000) sowie Mitbegründer (2009), bis 2020 Vorsitzender und danach Ehrenvorsitzender der Kevelaerer Bürgerstiftung „Seid einig“.

Nach dem Jahr 2000 stellte sich für Edmund Maximilian Bercker die Frage des Übergangs von der vierten in die fünfte Generation. Nach eingehenden Gesprächen innerhalb seiner Familie, insbesondere mit seinen Kindern Martin (geb. 1970), Brigitta (geb. 1971), Markus (geb. 1975) und Timo (geb. 1977), wurde vereinbart, dass Markus und Timo Leitungsfunktionen übernehmen. Martin war bereits seit den neunziger Jahren für Butzon & Bercker als Außendienstmitarbeiter unterwegs, und

Edmund Maximilian Bercker.

Brigitta arbeitete zeitweise als Juristin im Unternehmen.

So wurde Markus Bercker 2003 neben seinem Vater zum zweiten Geschäftsführer bestellt. Timo Bercker erhielt 2005 die Prokura und engagierte sich anfänglich beim Verlag. Ab 2010 konzentrierte er sich auf den IT-Bereich der Firma und das Direktmarketing. Edmund Maximilian Bercker schied 2016 endgültig als Gesellschafter und Geschäftsführer aus dem Unternehmen.

Sein erfülltes Leben ging am 3. Februar 2024 im Kreise seiner Fami-

Edmund Maximilian Bercker mit seinen Söhnen Markus Bercker (links), der sein Nachfolger wurde, und Timo Bercker (rechts).

lie zu Ende. Auf den Tag genau 124 Jahre zuvor erhielt der Verlag Butzon & Bercker vom Papst Leo XIII. die Auszeichnung „Verleger des heiligen Apostolischen Stuhls“ (siehe S. 34). Es fällt schwer, das als puren Zufall zu bezeichnen.

Seit 2016 ist Markus Bercker alleiniger Geschäftsführer und mit 51 Prozent an der Butzon & Bercker GmbH beteiligt, Timo Bercker mit 49 Prozent. Seit 2022 ist Amelie Bercker, die Tochter von Markus Bercker und bereits von der nachfolgenden Generation, im Unternehmen tätig.

Das Unternehmen steht auf einer soliden Basis und ist gerüstet für die Herausforderungen der kommenden Zeit.

Zeittafel

1807	Bernhard Bercker sen. wird geboren.
1814/15	Ende der Napoleonischen Kriege und Wiener Kongress.
1841	Franz Hermann Bercker wird geboren.
1843	Bernhard Bercker sen. wird erstmals als Buchbindermeister erwähnt.
1848	Das Revolutionsjahr.
1855	Franz Hermann Bercker beginnt in Kevelaer eine Buchbinderlehre.
1858	Franz Hermann Bercker wird Geselle und ist als Buchbindergehilfe in Köln und Düsseldorf tätig.
1863	Eröffnung der Bahnlinie zwischen Krefeld und Kleve.
1866	Österreichisch-Preußischer Krieg.
1870	Franz Hermann Bercker macht sich in Kevelaer im Anwesen seiner Eltern als Buchbindermeister selbständig.
1870/71	Deutsch-Französischer Krieg.
1871	Gründung des Deutschen Reiches und Geburt von Joseph Bercker.
1974	Hermann Butzon wird Kompagnon von Franz Hermann Bercker. Die Firma heißt ab nun Butzon & Bercker.
1875	Bernhard Bercker jr. wird geboren. Einführung der Mark-Währung im Deutschen Reich.
1877	Erster Ausbau der Firmengebäude.
1883	Weiterer, größerer („stattlicher") Ausbau der Firmengebäude.
1884	Errichtung einer Gasfabrik auf dem Firmengelände.
1890	Hermann Butzon und Franz Hermann Bercker errichten in Krefeld eine Zelluloid-Fabrik.
1891	Hermann Butzon und Franz Hermann Bercker trennen sich. Der Firmenname Butzon & Bercker bleibt bestehen.
1897	Die Söhne von Franz Hermann Bercker, Joseph und Bernhard, übernehmen Leitungsfunktionen. Die Firma hat jetzt rund hundert Mitarbeiter.
1899	Franz Hermann Bercker stirbt, seine Söhne Joseph und Bernhard erben das Unternehmen.
1900	Papst Leo XIII. verleiht Butzon & Bercker den Titel „Verleger des Heiligen Apostolischen Stuhls".

1902	Bernhard Bercker jr. erwirbt das Haus Kapellenplatz 1, wo die Familie zuerst wohnt. Dort wird im Erdgeschoß die Buchhandlung Bernhard Bercker errichtet.
1904	Erwerb eines Grundstücks in der Friedensstraße. Dort wird 1908 ein Haus gebaut, wohin die Familie zieht. Gründung der Kunstwerkstätten.
1905	Geburt von Edmund Bercker.
1912	Joseph Bercker scheidet aus dem Unternehmen und gründet einen eigenen Verlag.
1913	Butzon & Bercker wird in eine Gesellschaft mit beschränkter Haftung (GmbH) umgewandelt. Beginn des Druckbetriebs.
1914/1918	Erster Weltkrieg.
1915	Bernhard Bercker wird alleiniger Geschäftsführer.
1924/25	Bernhard Bercker und Sohn Edmund reisen in die USA, um den Export dorthin zu fördern.
1927	Bernhard Bercker stirbt unerwartet. Edmund Bercker muss sein Studium in Köln abbrechen und beginnt eine Ausbildung im Verlag und in der Druckerei Kösel in Kempten im Allgäu (Bayern).
1930	Edmund Bercker kehrt zurück und tritt in die Geschäftsführung von Butzon & Bercker ein. Gründung des Staufen-Verlags in Köln.
1933	Die Nationalsozialisten übernehmen die Macht. Für Butzon & Bercker beginnen schwierige Jahre.
1934	Edmund Bercker ehelicht Hildegard Huber von der Inhaberfamilie des Kösel-Verlages.
1935	Geburt von Klaus Bercker.
1936	Geburt von Edmund Maximilian Bercker.
1938	Gründung des Albertus Magnus Verlags für die Dominikaner.
1939	Beginn des Zweiten Weltkrieges.
1941	Edmund Bercker wird zur Deutschen Wehrmacht eingezogen. Hildegard Bercker zieht in der Folge mit den Kindern nach Kempten im Allgäu. Edmund Bercker wird im Spätsommer 1944 in der Nähe von Paris verwundet.
1945	Unter schwierigen Umständen beginnt Edmund Bercker mit dem Wiederaufbau des Unternehmens.

1947	Der Rest der Familie kehrt aus Kempten nach Kevelaer zurück.
1948	Butzon & Bercker erhält von der britischen Besatzungsmacht die Verlagslizenz und beginnt sofort mit der Buchproduktion.
1949	Butzon & Bercker stellt bei der ersten Frankfurter Buchmesse aus.
1956	Der Best- und Longseller „Jugend vor Gott“ von Alfonso Pereira erscheint. Es folgen zahlreiche Auflagen mit zusammen nahezu einer Million verkaufter Exemplare.
1957	Errichtung der Bronzegießerei im Bereich der Bogenstraße.
1962	Das Zweite Vatikanische Konzil beginnt und hat eminente Auswirkungen auf die katholischen Verlage.
1963	Gründung der Kunststoffgießerei Wulfert & Bercker (nach 1970 scheidet Bercker wieder aus).
1966	Die Brüder Klaus und Edmund Maximilian Bercker treten in das Unternehmen ein. Butzon & Bercker beteiligt sich am Hildesheimer Bernward-Verlag (scheidet 1996 wieder aus).
1968	Die Fritz Cleve Neuzeitliche Handwerkskunst GmbH wird erworben.
1969	Errichtung des Unternehmensbereiches BU-BE Baubeschläge.
1970	Herausgabe einer Festschrift aus Anlass „Hundert Jahre Butzon & Bercker“. Klaus und Edmund Maximilian Bercker werden Mit-Geschäftsführer. Gründung der „Verlagsgruppe Engagement“ unter maßgeblicher Mitwirkung von Butzon & Bercker.
1975	Setzerei, Druck und Binderei werden in Bercker Graphischer Betrieb GmbH ausgegliedert. Deren operativer Geschäftsführer wird Klaus Bercker.
1975	Geburt von Markus Bercker.
1977	Geburt von Timo Bercker.
1978	Einweihung der neuen Bronzegießerei am Hoogeweg 70.
1980	Übersiedelung der Druckerei an den Hoogeweg 100.
1981	Die neuen Gebäude des Verlags, der Verwaltung und der Verlagsauslieferung am Hoogeweg 71 werden bezogen und vom Bischof von Münster Reinhard Lettmann eingeweiht. Bei der Feier ist auch der nordrhein-westfälische Ministerpräsident und spätere Bundespräsident Johannes Rau anwesend.
1983	Edmund Bercker scheidet als Geschäftsführer und Gesellschafter aus.
1987	Besuch von Papst Johannes Paul II. in Kevelaer. Errichtung des Unternehmensbereichs Laden- bzw. Innenausbau.

1988	Edmund Bercker stirbt.
1989	Erwerb des Lahn-Verlags, Limburg/Lahn.
1990	Mitgliederversammlungen des Verbands Katholischer Verleger und Buchhändler und der „Verlagsgruppe Engagement“ in Kevelaer aus Anlass 120 Jahre Butzon & Bercker.
1992	Feier 350 Jahre Wallfahrt Kevelaer. Edmund Maximilian und Klaus Bercker erhalten den Marketingpreis der Stadt Kevelaer.
1995	Einführung von „cleve art-line“.
1996	Die Monatszeitschrift „Magnificat“ erscheint bei Butzon & Bercker.
1998	Einführung der Logistik-Dienstleistungssparte „Auslieferungszentrum Niederrhein“ (AZN).
1999	Verkauf des Bercker Graphischen Betriebs an einen Einzelunternehmer. Klaus Bercker scheidet aus dem Unternehmen.
2002	Ankauf der Karten-Sparte des Groh-Verlags München.
2003	Markus Bercker wird Mit-Geschäftsführer von Butzon & Bercker.
2007	Ein neues Firmen-Logo wird entworfen.
2009	Aus „cleve art-line“ wird „Bercker art-line“.
2012	Insolvenz des ehemaligen Bercker Graphischen Betriebs.
2013	Verlag, Verwaltung und Auslieferungsbüros beziehen das Gebäude des ehemaligen Graphischen Betriebs.
2016	Edmund Maximilian Bercker scheidet als Geschäftsführer und Gesellschafter aus dem Unternehmen. Markus Bercker wird alleiniger Geschäftsführer.
2017	Umbenennung von AZN in „Auslieferungszentrum Bercker“ (AZB).
2021	Markus und Timo Bercker erwerben das Haus Kapellenplatz 1, wo sich die Buch- und Kunsthandlung Bernhard Bercker befindet.
2024	Edmund Maximilian Bercker stirbt (3. Februar).

Quellen und Literatur

Archiv Butzon & Bercker GmbH, Kevelaer.

Stadtarchiv Kevelaer.

Persönliche Mitteilungen: Edmund Maximilian Bercker (†), Klaus Bercker, Markus Bercker und Michael Bercker

Edmund Bercker sen. Handschriftliche persönliche Aufzeichnungen (sie reichen bis zum Jahr 1933). Beginn der Niederschrift im September 1978.

Marx, Adolf: Kevelaer. Wallfahrt und Wirtschaft. Nach alten Urkunden und Geschichtsquellen. Kevelaer 1922, 59–63.

1870–1970. Festschrift Hundert Jahre Butzon & Bercker. Kevelaer 1970.

Edmund Bercker zum 3. Mai 1980. Festschrift zum 75. Geburtstag. Kevelaer 1980.

Steinert, Johannes-Dieter: Kevelaer. Eine niederrheinische Region zwischen Kaiserreich und Drittem Reich. Kevelaer 1988, 54–58, 194–201 und 354–356.

Cuypers, Wilhelm/Bösken-Diebels, Karl Heinz: Kevelaer zur Jahrtausendwende. Von Kultur und Kunst geprägt. Kevelaer 1997.

Flemming-Lühr, Dorothee: Kevelaer im Wandel der Zeiten. Daten, Ereignisse, Personen. Kevelaer o. J. (2000).

Plötz, Robert/Cürvers, Herbert: Kevelaer. Erfurt 2003 (Reihe Archivbilder).

Keuck, Bernhard: „Wer kennt die Völker, zählt die Frommen, die alle hier zusammenkommen." Eisenbahn und Kevelaer-Wallfahrt, in: Eisenbahnen am Niederrhein. Hg. von Jürgen Becks und Martin Wilhelm Roelen. Wesel 2005, 367–384.

Dr. Edmund Bercker zum 70. Geburtstag. Kevelaer 2006.

Plötz, Robert: Maria „Trösterin der Betrübten". Zur Geschichte der Wallfahrt nach Kevelaer. Kevelaer 2008.

Plötz, Robert: Gruß aus Kevelaer. Andachtsbilder aus vergangenen Zeiten. Kevelaer 2008.

http://www.blattus.de/kaz/texte/b_kaz/bercker_edmund.html (6. 9. 2021).

http://www.blattus.de/kaz/texte/b_kaz/bercker_franz.html (6. 9. 2021).

http://www.blattus.de/kaz/texte/b_kaz/bercker_franzhermann.html (6. 9. 2021).

http://www.blattus.de/kaz/texte/b_kaz/bercker_klaus.html (26. 12. 2023).

http://www.blattus.de/kaz/texte/b_kaz/bercker_unternehmen.html (6. 9. 2021).

https://blattus.de/archiv/kaz/texte/h_kaz/heckens-josef.html (6. 9. 2021).

Personenregister